《软件和集成电路》杂志社 / 编著

数据新势力

发掘大数据的新生力量

INNOVATION POWER OF

BIG DATA

電子工業出版社
Publishing House of Electronics Industry
北京 • BEIJING

图书在版编目（CIP）数据

数据新势力：发掘大数据的新生力量/《软件和集成电路》杂志社编著.—北京：电子工业出版社，2016.12

ISBN 978-7-121-30168-1

Ⅰ.①数… Ⅱ.①软… Ⅲ.①数据处理—高技术产业—经济发展—研究—中国 Ⅳ.①F279.244.4

中国版本图书馆CIP数据核字（2016）第252900号

策划编辑：张　冉（zhangran@phei.com.cn）
责任编辑：张　冉
特约编辑：徐学锋
印　　刷：三河市华成印务有限公司
装　　订：三河市华成印务有限公司
出版发行：电子工业出版社
　　　　　北京市海淀区万寿路173 信箱　邮编　100036
开　　本：720×1000　1/16　印张：12.5　字数：222千字
版　　次：2016 年 12 月第 1 版
印　　次：2016 年 12 月第 1 次印刷
定　　价：49.00 元

凡所购买电子工业出版社图书有缺损问题，请向购买书店调换。若书店售缺，请与本社发行部联系，联系及邮购电话：（010）88254888，88258888。

质量投诉请发邮件至zlts@phei.com.cn，盗版侵权举报请发邮件至dbqq@phei.com.cn。

本书咨询联系方式：（010）88254210，influence@phei.com.cn，微信：yingxianglibook

编 委 会

主　编　郭嘉凯

副主编　李　坤

编　委　都莉楠　程梦瑶　张贝贝　张　冉

邱博文　王　盈　郑善双　王　云

INTRODUCTORY
序

自2015年8月，国务院发布《国务院关于印发促进大数据发展行动纲要的通知》以来，大数据产业在国内进入了快速发展期。可以看到，无论是各地政府还是行业用户，对于大数据的重视程度明显增强，同时，大数据与传统行业融合的成功案例也不断涌现。虽然，目前还只是行业内的少数企业在应用，但通过这些领先企业的示范和带头作用，他们应用大数据所取得的成功经验很快就会被行业内的其他企业所效仿，进而带动整个产业的发展和壮大。

而作为一个新兴的产业，大数据产业的发展无疑需要更多创新的技术和商业模式作为支撑。同时，国内用户对于大数据的巨大需求空间，也为更多创新型大数据企业的发展提供了坚实的基础和保障。

可以看到，目前国内已经涌现了一批创新型的大数据企业，它们成为推动国内大数据产业发展十分重要的力量。

2016年8月，中国大数据产业生态联盟宣告成立。众多中国优秀的大数据产业链各环节企业、科研院所和行业协会、投资机构，以及地方产业发展机构积极响应，联合发起。

在这些企业中，既有传统IT企业成功转型为大数据企业的代表，也有应产业发展趋势，新近创业的新生代大数据企业。虽然发展经历、规模大小各不相同，但在这些企业身上都能看到一个共同点：对大数据产业的高昂热情，以及对新技术、新商业模式的深入探索。也正因如此，他们才能在众多的企业中脱颖而出，成为中国大数据产业发展过程中的新势力。

显然，这些企业的转型、创业以及发展经验，对于其他企业都有很好的借鉴意义。因此，在本书中，我们从这些企业中选取了部分典型企业进行了深入的采访。为了能够更好地展现大数据产业链上各环节企业的全貌，在企业选择方面，我们进行了仔细的甄选：包括行业大数据应用服务商、大数据平台提供商、底层基础架构厂商、咨询服务商等各个细分领域的企业。我们希望通过对这些企业的报道，不仅能够展现中国大数据产业的蓬勃发展现状，同时也能让更多人看到，中国大数据的新兴势力已经崛起！

《软件和集成电路》杂志社总编辑

PREFACE 前言

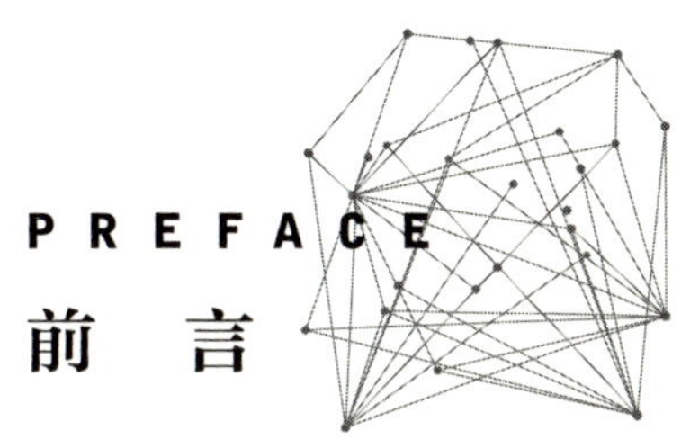

大数据的价值、工具和理论

研究和发展大数据，有三个问题特别重要，这三个问题可以总结为六个字——价值、工具、理论。

首先是价值。大数据之所以为各方所重视，是因为它具有价值，是因为它能为我们解决问题提供新的路径。分析大数据的价值，有三类不同的价值链：已有数据集合挖掘新价值、围绕问题求解寻找数据价值、在大数据产业链中提供相关的产品或服务。

一是对已有数据集合挖掘新价值，这是今天大多数称之为“大数据”的企业和机构的主要做法。这条路径的特征是对已有信息集合进行逻辑分析，找到新的结论，从而导向新的价值增长点。

二是针对一些特定问题，特别是对经济社会发展或民生有重大影响的问题，寻找基于大数据的新的解决方案。这是大数据价值三种类型中最重要的部分。大数据的价值，说到底就体现在能否解决我们面临的重大问题上。通常这类价值的实现，起点在对问题的分析，根据问题求解本身的需求，从需要什么信息、如何获取、如何结构化、如何通过特定的数据分析工具与问题相关的应用系统连接。

三是服务于前述两个价值链实现的一组工具。这些工具对大数据实现其价值有帮助，从感知、获取等信息收集到信息的组织管理、结构化、数据特征分析、模型和算法到相关的软件或系统，是一个类型众多，并在不断发展的工具体系。

在互联网上，用大数据这个词搜索，最多的信息是这些工具的介绍或培训相关内容，其次是基于互联网的信息如何神奇地与一些实际问题相关，但对第二个价值链的关注、分析不够，这个问题值得重视。只要我们认真地分析经济发展、社会管理、公共服务、民生面临的重大问题，都会发现解决这个问题不是已经有足够的数据或信息，缺乏模型、工具、方法，而是没有足以支持问题解决的信息，缺乏高质量的信息是矛盾的主要方面。大数据的价值是围绕着“解决问题”，如交通问题的解决、信用问题的解决、宏观问题态势分析的解决，即数据围绕问题形成价值链。

其次是工具。数据类型的增加、数量的激增、经济社会问题范围的拓展，使得工具日益重要。必须提升工具的能力，使之能与需要解决的数据和相关问题的复杂性匹配。工具可以分成四类：数据的组织管理、与应用系统连接、与数值型数据连接的工具、工具的工具。

第一类是数据组织与管理的工具。30年前，数值型数据库处于发展期，今天数值型数据库管理系统的工具已十分完善，基于这类工具的应用也已十分完美。通过数据字典、数据模型、元数据等方法表述了数据的含义及相互关系，通过规范的数据结构和函数实现数据的有效操纵。那么，今天关于大数据的工具，处理文本、音视频这些类型，应对互联网、互联网条件下的巨大数量，赛博物理空间（CPS）带来的系统复杂性是否能够达到关系数据库管理系统这样的工具水平？回答应该是“相差甚远”。差在什么地方？核心是数据的结构化程度和语义层面的应用。

提升结构化程度，需要对非结构化的信息找到实现结构的方法和规则，要确定颗粒度和应用连接的语义关系。规则、颗粒度、语义关系要有恰当的工具进行处理，保证其有效性，计算的或成本的。需要对数据进行质量和利用的管理，按照确定的质量指标和应用目的，在应用系统中实现其价值。今天，这样的工具不能说没有，但是还没有形成体系，与数据本身的语义逻辑还有很大的差距。

关于信息的结构化，通常有两条路径：一是根据数据本身语义，这是第一类工具的任务；二是根据应用需求，这就是第二类工具。在这两类中，当前最重要的是第二类。一个数据集合，没有应用约束的内在语义关系是极其复杂的，而其价值则是在具有实际意义的应用上。围绕应用需求，把相关数据集合的语义结构揭示出来，形式关系按处理有效性揭示出来，是第一类结构化的前提。围绕应用，要将特定数据集合按形式和语义结构化，首先要确定单元和标识，让数据按照定义的单元和标识进行结构化，其次要根据数据集合和应用需求确定形成单元和标识算法、函数，最后要有相应的管理系统实现与应用系统一致的管理功能，所以应该是一个工具系列。

第三类是将文本、音视频等非数值型数据管理系统与数值型数据管理系统结合起来的工具。从理论和实践的角度看，到今天为止，技术最成熟、用得最好的还是数值型数据管理系统，非数值型的信息管理系统需要将这两者融合起来。同时，不少应用需要将两类数据同时利用，需要将数值型数据库和非数值型数据库为解决同一个问题服务。更加值得注意的是，当非数值型的数据管理工具成熟时，或者说在形式和语义两个层面充分结构化时，将呈现与数值型数据管理系统雷同的处理需求，这就是第三类工具的必要性和重要性所在。

第四类是工具的工具，即为了开发上述三类工具，甚至包括第四类工具，需要提高开发效率和质量的工具，这是软件工程发展中已经确定的规律。我们要根据各类工具的特征，从中找出需要工具支持的部分。从生态链的角度看，还要为使用者提供工具，要为解决问题的客户系统提供服务，我们需要用工具实现更加商业化的管理和服务。

开发工具的工具，需要回到问题的本源，也需要系统地思考：到底需要什么样的工具？这些工具如何形成？这些工具如何改造和使用？而不是仅把目光盯在已经有的工具上。这就隐含着另一个问题：已有的工具所形成的思维方法、演进路径，与解决大数据问题需要的工具的路径不对时，怎么办？所以需要在更高的层面考虑，如何根据事物的本质去利用和创新工具。

第三个问题是理论，也就是说大数据在整个信息技术、信息经济、信息社会中的位置和属性究竟是什么？

首先是定义，一个科学的定义是理论的基础。对大数据有很多定义，也有很多关于大数据特征的讨论，但有一个结论是清晰的，没有一个被称为大数据的客体不是信息，当然，称为信息的客体不一定都是大数据。在从IT时代到新的IT时代、从IT时代到DT时代、从工业社会到信息社会、从工业经济到信息经济的发展过程中，不变的是信息。从这样的角度看，大数据是“信息”这个词在当前特定环境下的一个代表性称谓。这几年，互联网和物联网导致非数值型数据爆炸式增长和新价值的发现，大数据成为信息这个一般性名词在当前阶段特殊性的有效指代。我们在研究大数据及其相关的技术系列和社会演进过程中的定位和属性时，应该把它看作信息在当前阶段的一种称呼和标签，不能将它与和信息相关的研究区分开来，尤其不能离开信息的基本属性。

其次，大数据具有经济属性，实际上这是信息具有经济属性的缩小版。今天经济发展理论面临着一个重要的变量——信息成为整个经济活动过程中的要素，信息自身成为可以独立于传统产品并具有使用价值和交换价值的新产品。这样的要素和产品，与原来的以材料、能源为基础的要素和产品具有不同的属性：它不遵循材料、能源的基本规律，这才有了零边际成本、共享经济等一系列经济模式。所以，大数据（信息）具有特殊的经济属性。

最后是大数据（信息）的社会属性。信息的获取、处理和利用模式的改变，也改变着社会发展中的每个自然成员和机构成员，每个功能系统的发展轨迹。在这一点上，我们虽然已经开始研究，但需要加大研究的力度，提升研究的前瞻性和战略性。

我刚才讲了价值、工具和理论，与其说提出了一些看法，不如说是希望引起大家对这三个方面的重视。其实我们讲价值时，主要是讲商业模式的价值。商业模式是什么东西？你发现价值，并让这个价值实现，让获取价值的人和你本人在其中获利。大数据也是这样，所以价值是分析的基础。

我讲工具其实是在讲技术创新。中国人多，经济发展速度快、规模大。因此，当万物互联或互联网与所有社会构成因素互联时，我们天然拥有数据及其应用的优势，而这种优势为什么不能转变为我们科技创新的优势，成为工具创新的优势呢？

我们再回顾工业革命以来的历史，可以看到领先的国家首先具有高端市场和先进的技术。中国要实现第三个现代化战略目标，必须尽快走向领先的技术和领先的市场。在这一轮与大数据相关的变革中，中国有什么理由不因此造就领先的市场和技术呢？

我讲理论，实际上是讲理论创新。当中国从跟随者走向并肩者、领先者时，当中国真正进入发达国家的第一阵营时，如果没有理论创新那是说不过去的。所以我们需要加强理论创新。当我们的理论创新真正取得世界级成果时，我相信中华民族的伟大复兴就为之不远了！

北京大学教授、工业和信息化部原副部长

CONTENTS

目 录

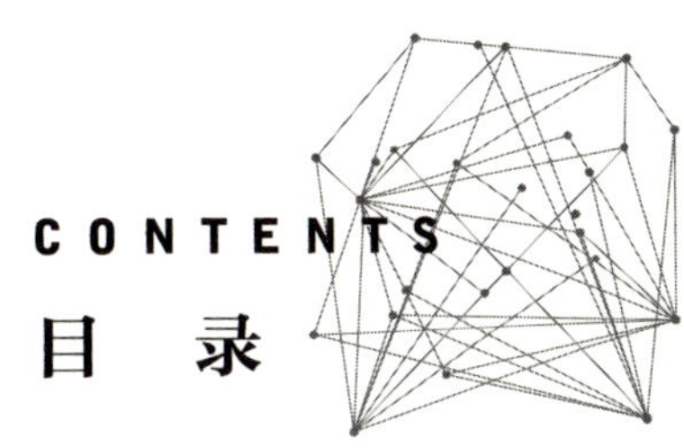

PART ONE | **第一部分**

2016中国大数据产业生态地图

PART TWO | **第二部分**

数据新势力

PART ONE

第一部分

2016中国大数据产业生态地图

CHAPTER 1
第 1 章

中国大数据产业生态发展概况

大数据产业分类

融合应用产业
- 百度
- 阿里
- 腾讯
- 中国电信
- 中国移动
- 中国联通

基础支撑产业
- 人大金仓
- 浪潮
- 华为
- 南大通用
- TalkingData

数据服务

产业
- 美林数据
- 星环科技
- 数据堂
- 百分点
- TalkingData

大数据产业涉及领域广泛，产业边界尚不清晰。为便于理解、统计和分析，本报告提出了大数据产业的三个口径。

狭义的大数据产业

指数据服务产业，主要由以大数据为核心资源、以大数据应用服务为主业而开展商业经营的企业。

扩展的大数据产业

在狭义的大数据产业概念上加上基础支撑产业，即提供直接应用于大数据处理相关软硬件、解决方案及其他工具的企业。

广义的大数据产业

在扩展的大数据产业概念上加上融合应用产业，即各行各业在业务应用中产生大数据，并与其行业资源相结合而开展商业经营的企业。

这三个定义，只是表明其不同的业务特点，也是为了统一口径。毫无疑问，这三类产业都是大数据产业生态中不可缺少的内容。

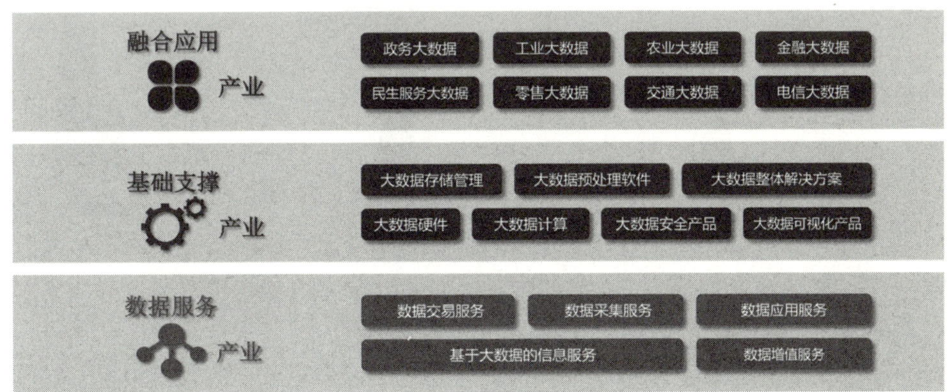

数据服务、基础支撑和融合应用这三类大数据产业，相互依托、有机衔接，共同构成大数据产业链。

数据服务产业

包含数据交易服务、数据采集服务、数据应用服务、数据增值服务以及基于大数据的信息服务等以服务为核心的产业链环节。

基础支撑产业

包含存储管理、计算处理、可视化、安全等大数据基础软硬件和整体解决方案等产业链环节。

融合应用产业

包含与政务、工业、农业、金融、交通、电信等各行业中与行业资源紧密融合的大数据应用等产业链环节。

中国大数据产业链正在形成过程中，每个关键环节均有一些代表企业。

三个口径的大数据产业，从规模上看差距甚大。

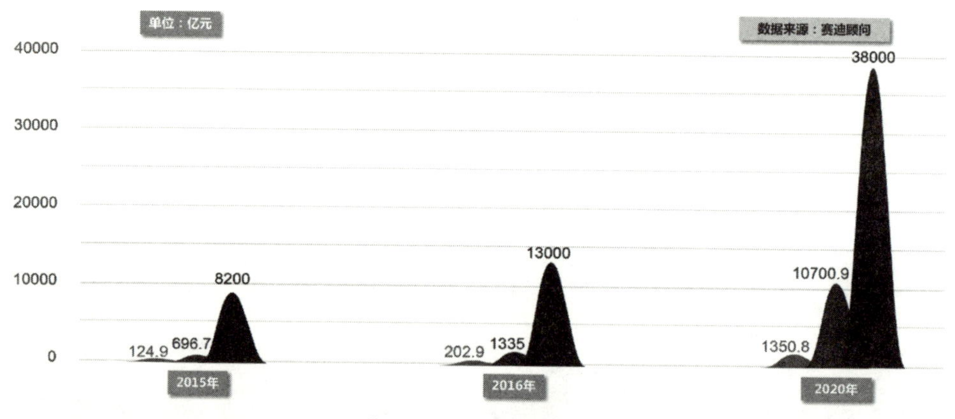

数据服务产业规模

2015年达到124.9亿元，预计2016年达到202.9亿元，2020年将达到1350.8亿元。

基础支撑产业规模

2015年达到696.7亿元，预计2016年达到1335亿元，2020年将超过1万亿元。

融合应用产业规模

2015年达到8200亿元，预计2016年达到13000亿元，2020年将达到38000亿元。

可见，大数据产业的核心是数据服务产业，经济效益体现在融合应用产业。

大数据企业的基本特征是具备大数据技术能力。大数据技术主要体现在大数据采集、预处理、存储、分析挖掘和可视化等环节。

大数据采集技术：有数据采集硬件技术和软件技术两大类，二者交互融合，通过IOT端口对现实世界有关数据进行高速度、大容量长期收集，在网络端通过各类API、网络众包等方式对消费者使用习惯等数据进行高速度、大容量长期收集。

大数据预处理技术：包括数据清理、集成、转换、归约等技术，将海量数据进行标准化、规则化处理，以便于高效率分析挖掘。数据清理就是对数据格式标准化，清除异常数据，纠正错误数据，清除重复数据。数据集成就是将多个数据源中的数据结合起来并统一存储，建立数据仓库。数据转换就是将数据转换成适用于数据挖掘的形式。数据归约就是根据目标适当缩减数据规模，在尽可能保持数据原貌的前提下最大限度地精简数据量，以便提高数据分析挖掘效率。

大数据存储技术：针对大量非结构和半结构化数据以及实时化分析要求而发展起来的高速度、大容量存取数据的技术，包括分布式Hadoop架构、数据库体系和扩展架构。主流为NoSQL和NewSQL的数据库体系、兼容批处理和实时分析的Lambda架构。

大数据分析挖掘技术：从大量的、不完全的、有噪声的、模糊的、随机的数据中，通过分析甄别提取隐含其中、人们事先不知道、但又是潜在有用的信息和知识的过程。主要以实时处理、机器学习和推理预测为主。实时处理包含了Spark、Storm主流技术；机器学习以R语言和CNN神经卷积网络算法为主流；以及融合数学、图形学、可视化等理论的知识图谱体系。

大数据可视化技术：将大数据分析挖掘的过程及结果以直观形象方式展示的技术，分为时间可视化、多维法和层次化等技术类别。

大数据技术正在突飞猛进地发展。未来大数据技术很可能将在三个环节形成分层突破。

大数据采集技术

呈现多源数据融合和运营化发展趋势。其中，数据融合以社交数据、IOT数据等外部数据与企业内部数据融合拉通为重点。运营化是指通过长期采集积累海量数据资源的企业实现数据联合运营。

大数据分析挖掘技术

呈现处理实时化和高效化的发展趋势。其中，实时化是指针对网络视频化潮流，进一步强化对实时流数据的处理能力。高效化是指随着数据量的不断增加，企业采用云端处理API结合后台支撑，将使数据处理更加高效。

大数据应用技术

呈现智能化和云端化的发展趋势。其中，智能化是以机器学习作为核心，将实现对用户需求的自我理解和智能迭代。云端化是指云计算和移动互联网将促进大数据应用从2B市场迅速推广到2C市场。

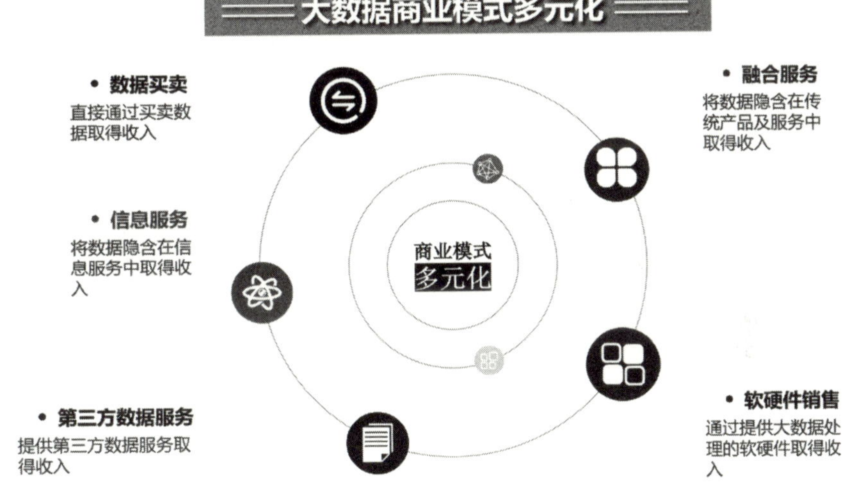

相对于互联网企业，大数据企业的产业商业模式比较清晰，目前主流的大数据商业模式可以归纳成五种：

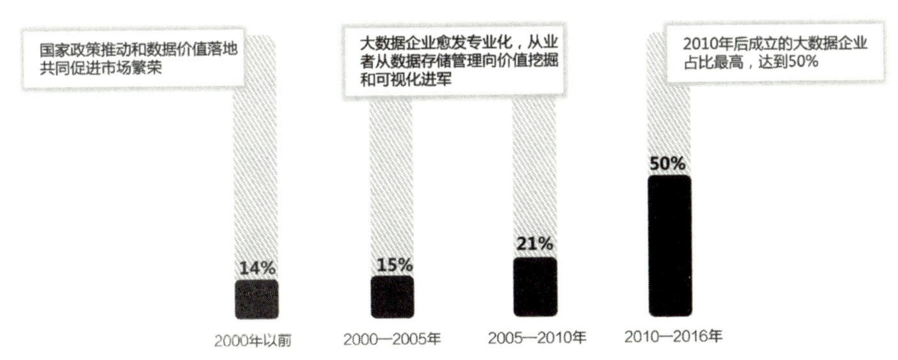

一是数据买卖，直接通过买卖数据取得收入；

二是信息服务，将数据隐含在信息服务中取得收入；

三是第三方数据服务，通过提供第三方数据服务取得收入；

四是软硬件销售，通过提供大数据处理的软硬件取得收入；

五是融合服务，将数据隐含在传统产品及服务中取得收入。

随着大数据产业的不断发展和成熟，更多的商业模式还将不断创新和涌现。

中国大数据生态圈特征显著

我国大数据生态圈正在形成，目前呈现出三个主要特征：

一是国家政策强力推动大数据产业和应用，促进大数据市场繁荣和产业生态完善；

二是大数据企业愈发走向专业化分工，产业链不断延伸，配套合作环境正在形成；

三是新一代大数据企业持续不断诞生，成为推动大数据核心产业发展的主力。

根据调研统计，2010年后成立的大数据企业占比最高，达到了50%。

其中，主要原因是近年来国家层面对大数据的高度重视，将大数据上升到了国家战略，相继出台了《促进大数据发展行动纲要》、《生态环境大数据建设总体方案》、《国务院办公厅关于促进和规范健康医疗大数据应用发展的指导意见》等全国性指导文件。各省市也纷纷颁布各自的大数据产业规划。

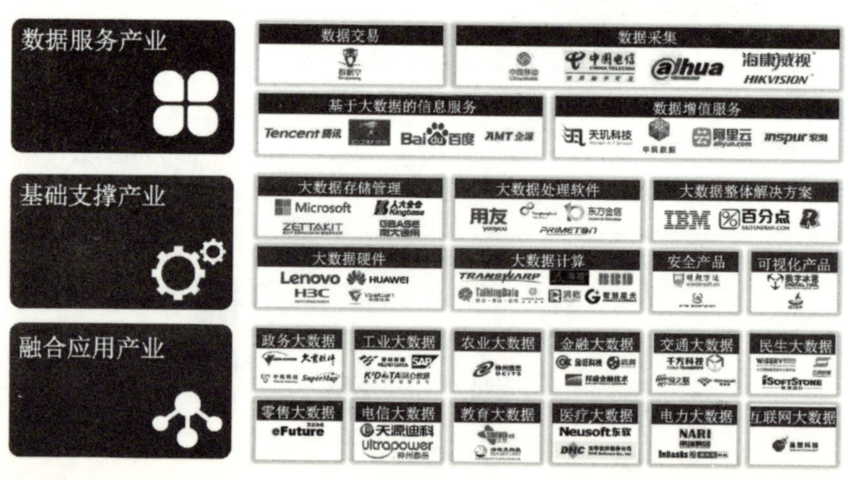

融入大数据生态圈具有多种途径

传统IT企业及各行业企业也在大数据浪潮中积极转型，以人大金仓、南大通用等数据库厂商为代表，纷纷开始推出针对非结构化数据的NoSQL和NewSQL数据库系统。浪潮、中科曙光等服务器厂商也推出了大数据一体机产品。

新兴大数据企业，大都瞄准大数据核心产业即数据服务业，从诞生起就专注于大数据挖掘和处理技术及相关解决方案，致力于为用户提供更便捷更有效的数据挖掘产品，例如以百分点、美林数据为代表的方案解决商。

传统IT企业与新兴大数据企业既有合作也有竞争，通过产业链合作、产品互补共同推动大数据生态圈的育成完善。

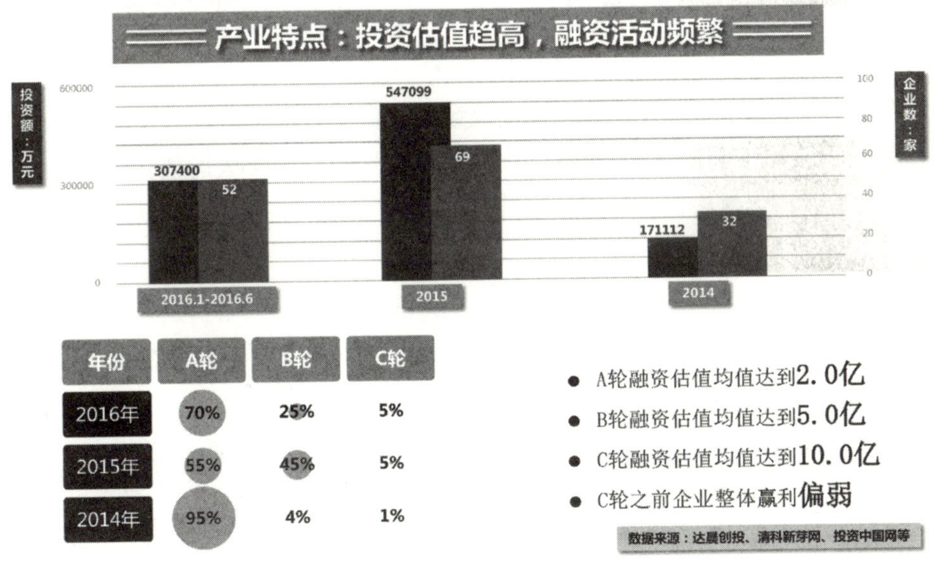

大数据企业所具有的商业模式清晰、投资汇报较高、发展潜力巨大等特点，为资本市场所关注。

近年来，一大批大数据企业获得成功融资，融资额较高。2014年有32家大数据企业获得融资，融资额17亿元。2015年有69家大数据企业获得融资，融资额54.7亿元。2016年上半年有52家大数据企业获得融资，融资额30.7亿元。

这反映出大数据企业在资本市场的估值较高，且易于获得融资。

大数据企业融资以股权投资为主，且一般均在早期融资。在成功的案例中，在早期阶段融资的比例明显较高。

大数据企业赢利能力明显增强

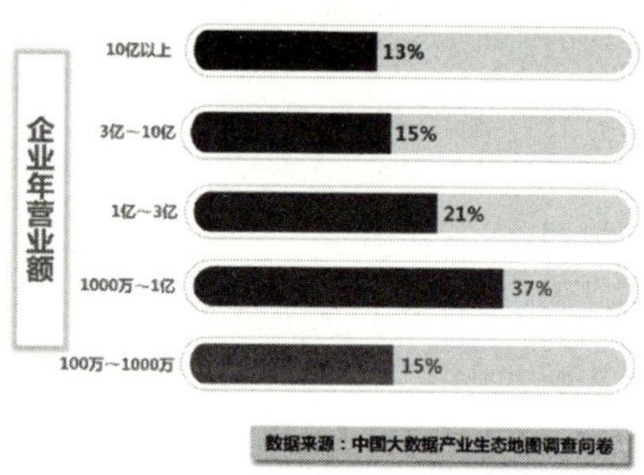

● 2015年，年营收在1亿元以上的企业占比达到**49%**

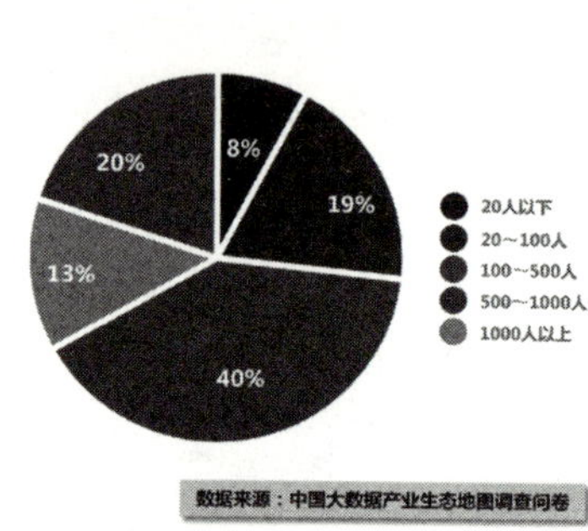

● 2015年，员工人数在500人以下的企业占比**67%**

大数据产业属于劳动生产率很高的高附加值产业。根据调查，大数据企业中员工人数在500人以下的占比为67%，其中员工人数在100～500人的就有40%。

在被调查的大数据企业中，营业额达到1亿元以上的企业占比为49%。营业额在1000万元到1亿元之间的企业占比最高，为37%。

由此可见，大数据企业经营状态良好，赢利能力很强，投入回报率较高。

大数据企业的研发投入很高，研发人员比重也明显高于一般IT企业，大部分大数据企业都拥有专利技术。

大数据产业研发人数比重、研发投入均高于IT行业平均水平

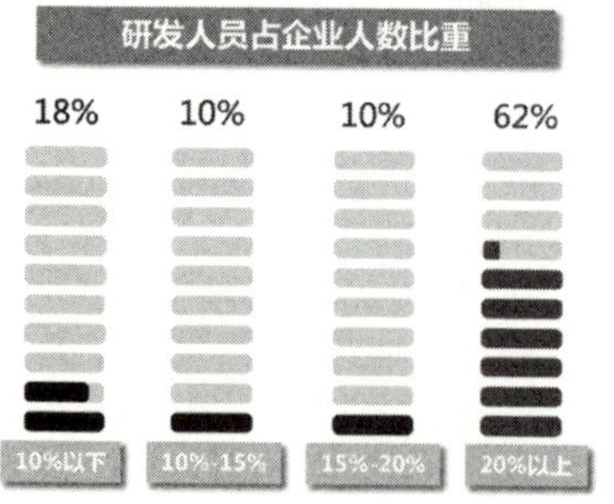

● 研发人员在20%以上的企业占比**62%**
● 研发投入经费在15%以上的企业占比**60%**
● **76%**企业已经拥有或者正在申请专利

数据来源：中国大数据产业生态地图调查问卷

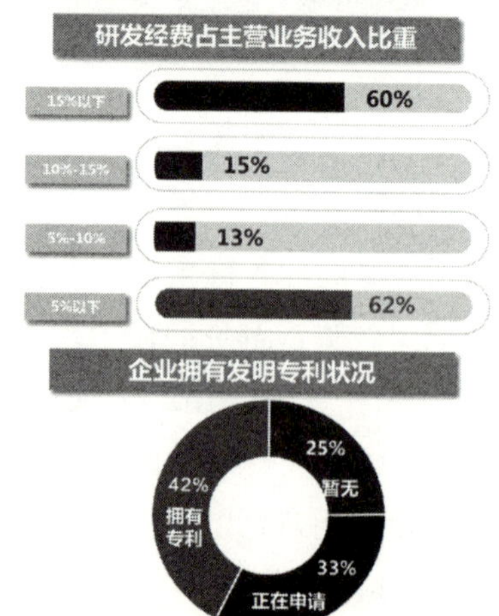

大数据产业的研发人员在20%以上的企业占比达到62%，研发投入经费在15%以上的企业占比达到60%，均高于IT行业平均水平，体现出大数据产业的高技术特点。同时76%的企业已经拥有或者正在申请专利，体现出行业内对知识产权的高度重视。

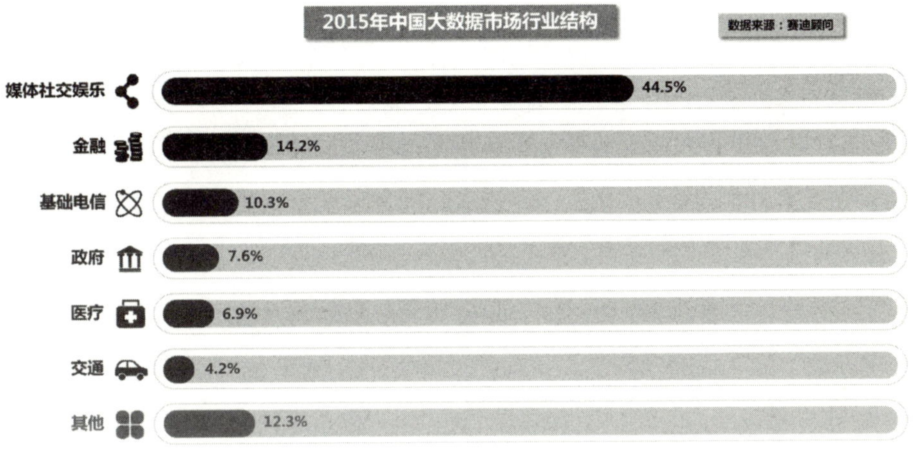

目前大数据行业应用主要集中在媒体社交娱乐、基础电信、金融三大领域。

2015年，媒体社交娱乐、基础电信、金融行业占据大数据应用的绝大部分份额。媒体社交娱乐的市场份额高达44.5%。

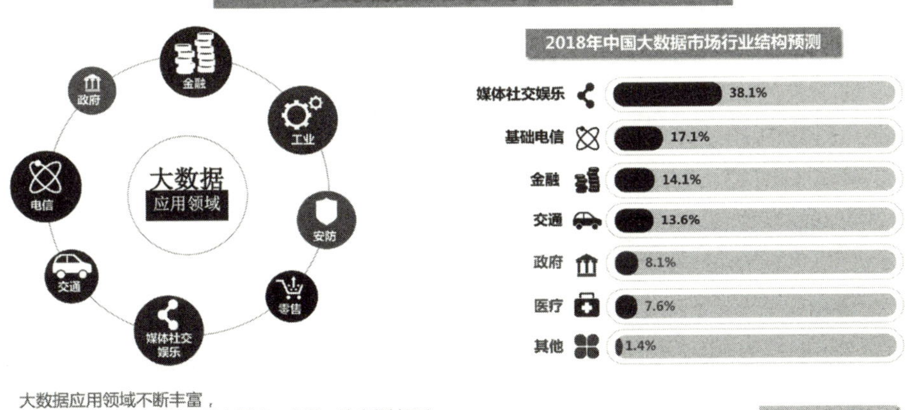

金融业和基础电信有着对海量的数据资源与数据处理的需求，对大数据的投资规模紧随媒体社交娱乐之后，分别占14.2%和10.3%。

政府和公共服务领域的大数据应用占比都还比较低。

未来三年，大数据应用的市场结构将发生明显变化。

媒体社交娱乐在应用市场中的占比将显著下降，电信、金融行业应用的占比将明显上升。

其中互联网企业作为大数据应用的先行者以及大数据服务的提供者，其对产品的投入将在大数据市场中将保持较高份额。随着智慧城市的建设与应用落地，医疗、交通和政府等公共服务领域对大数据的投资力度将逐渐提升，投资增速将超过其他行业。

大数据在经济决策与管理中的重要作用毋庸置疑。

大数据主要用途

- **24%**的大数据企业认为在为用户实施**智能服务**方面有较大帮助
- **数据价值** 体现在三个方面
  - 增加收入
  - 减少支出
  - 降低风险

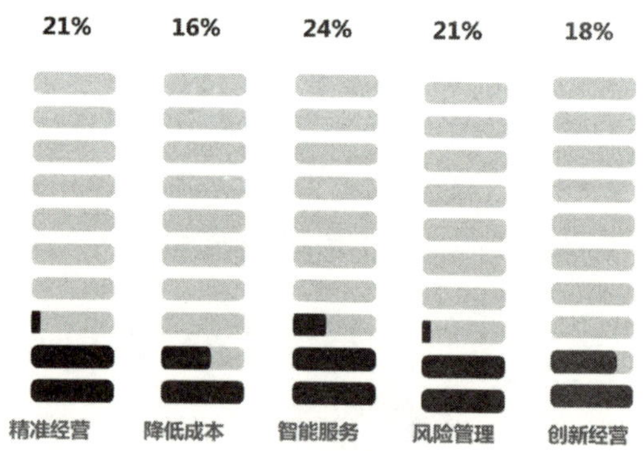

调查问卷显示，24%的大数据企业认为，为用户提供智能服务是大数据最主要的应用成果。

被调查企业认为，大数据价值体现在以下三个方面。

增加收入

通过大数据精准掌握用户需求，设计研发更符合用户习惯和需求的产品，扩大产品销量。

减少支出

通过大数据分析实施精准管理，减少库存，改善供应链和企业管理上不必要的开支。

降低风险

通过大数据挖掘，准确研判市场形势，预测出可能存在的利空因素，在企业新产品推广、工艺设计、战略选择等决策层面提供有价值的参考，减少决策失误，降低企业经营风险。

大数据产业细分领域众多。从创新突破能力和市场需求两方面综合考虑，最有发展前景的是互联网大数据、大数据平台和行业大数据三类产业。这三个产业之间也有一定的交叉重合。

从市场需求看，传统行业对大数据能够带来的效率提升、决策支持等需求最为迫切，互联网应用天生具备大数据基因，大数据通用解决方案将是企业级用户的必选方案，数据资源将成为快速崛起的新领域。

从创新活力看，互联网大数据的服务模式创新和商业模式创新将最为活跃，大数据分析产品和行业大数据应用将迎来大范围的技术创新。

综合来看，未来五年，与互联网和传统行业融合创新将成为大数据产业爆发点，大数据平台将成为这两个领域中最具成长性的环节。

大数据产业的主体将是软件与服务。大数据产业的软化程度远远高于信息技术产业。

未来三年，中国大数据市场的主要份额依然来自于包括数据存储、计算模块在内的硬件产品，但其所占比重将不断下滑，大数据软件与服务的市场份额将不断上升，二者合计将会占据75%的比重。

与互联网和传统行业融合创新将成为大数据产业爆发点

2018年中国大数据市场产品结构预测

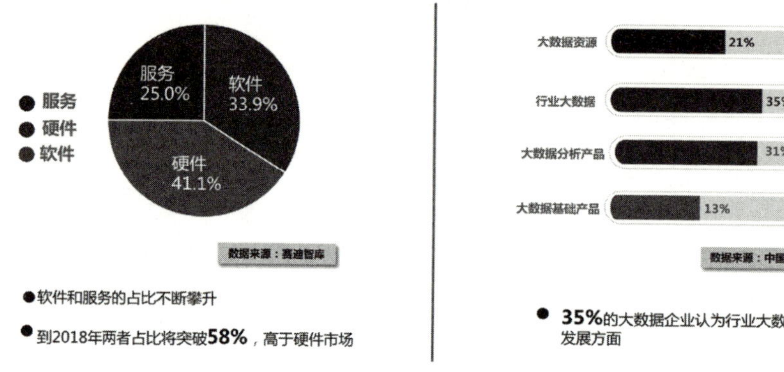

- 软件和服务的占比不断攀升
- 到2018年两者占比将突破**58%**，高于硬件市场

- **35%**的大数据企业认为行业大数据将是最具潜力的发展方面

行业大数据是未来三年最具潜力的大数据领域，将占据35%的市场份额；其次是大数据分析产品与服务等产业，将占据31%的市场份额，二者均远远高于大数据基础产品13%的份额。

大数据平台将成为成长性最高的领域

各类互联网平台从原有的信息服务平台向“数据+”信息服务平台转变，大数据平台成为了信息通信领域增长性最快的领域。

大数据平台是成长性最高的领域。互联网的普及应用为大数据平台的发展奠定了坚实基础。未来三年，各类互联网平台从原有的信息服务平台向“数据+”信息服务平台向“数据+”信息服务平台转变。

从需求侧看，政务、金融、医疗卫生、工业、商贸等行业数据积累快速增长，数据中隐藏的价值也日益突出。同时，公众对公共服务的需求也日益迫切。在公共服务资源有限的条件下，利用大数据提供各类精准服务，必将成为势不可挡的应用创新潮流。

从供给侧看，大数据产业智能化、网络化、平台化趋势对数据采集和积累影响日益加深，云计算技术对大数据存储和挖掘的保障能力不断加强，大数据技术条件和服务能力日臻成熟。

大数据平台迎来高速成长、产业化突破的关键机遇期。

区域大数据发展与应用

大数据产业引起全国各省市的普遍重视。部分省市已经设立了大数据管理服务部门。

大数据不仅涉及电子信息制造、软件和信息服务、通信等信息产业，还涉及与各行各业的融合创新以及在经济社会各领域的深入应用，因此大数据发展需要能够统筹协调各个部门的专门管理机构。

我国已有广东、辽宁、四川、广州、兰州、成都等多个省市成立了大数据管理局，以便充分发挥政府部门的统筹决策作用和引导带动作用，在整合利用各方资源的同时，突破传统观念、部门利益等限制，快速推进大数据发展与应用相关工作。

我国各省市积极引导建设以企业为主体，科研机构、高等院校、用户单位等参与的大数据产业联盟。已有11个省份建立了大数据产业联盟等企业合作组织。

联盟作为重要的中介机构和行业组织，其主要目标是加强对行业发展重大问题的调查研究，共同推进大数据相关理论研究、技术攻关、数据开放共享和创新成果应用推广，参与制定相关的产业政策。

在建设大数据平台、推进大数据项目实施时，产业联盟能够发挥牵头推进的重要作用。

国务院颁布《促进大数据发展行动纲要》后，工业和信息化部开始编制国家大数据产业规划。

各地方政府也把大数据发展纳入地方经济社会发展规划。

北京、上海、广东、浙江等21个省市发布了大数据专项规划或实施意见等政策措施。

推动数据开放是政府重视大数据产业的一项关键政策。

目前北京、上海、浙江、重庆等多个省市已经建设了数据开放平台，提供政府和公共服务领域的数据开放服务。其他省市也在积极研究推动数据开放的政策措施。

总体来看，我国数据开放平台数量较少、运行维护程度有待提高，开放的数据集、数据工具和应用规模还需进一步扩大，需要进一步完善公共数据资源开放相关制度，研究制定公共数据资源开放目录、时间表和路线图，加快建设国家和区域性数据资源开放平台。

营造数据资源交易流通的良好环境是推动大数据产业快速发展的基础。

目前，我国虽有多个省市建设了大数据交易平台，但交易规则、交易机制缺乏，数据资源汇聚、交易撮合、定价估值等服务能力有待提高，数据交易量较少，需要加快研究制定数据流通交易规则，推动数据资源交易流通，盘活社会资源。

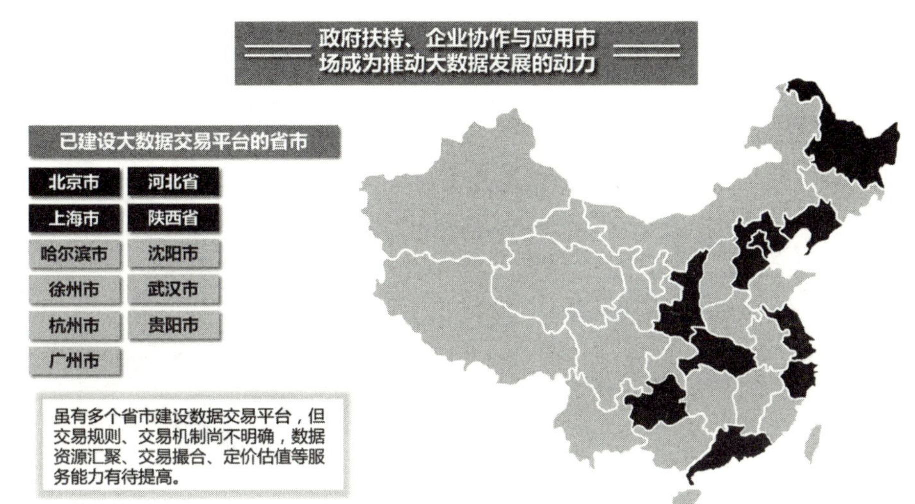

我国大数据区域集聚发展效应开始显现，出现京津冀区域、长三角地区、珠三角地区、西部地区和东北地区等五个各具特色的集聚区域。

京津冀地区打造大数据协同发展体系，长三角地区城市将大数据与当地智慧城市、云计算发展紧密结合，珠三角地区在产业管理和应用发展等方面率先垂范，西部已经成为大数据产业发展新增长极，东北地区将行业大数据作为发展重点。

从大数据企业分布角度看，北京、广东、上海、贵州、江苏和浙江是大数据企业最为集中的六个省市，形成了我国大数据企业集聚区。其中，北京是我国大数据企业数量最多的城市。

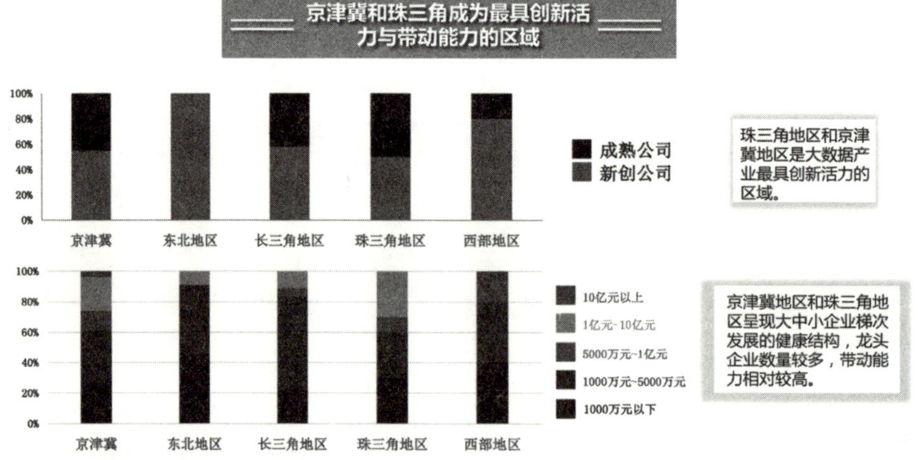

从大数据成熟公司与大数据新创公司之间的比例看，珠三角地区和京津冀地区新创公司的比例最高，创新环境和创新活力最好。

东北地区和西部地区创新活力最弱，新创公司比例较低。

从大中小企业结构来看，京津冀地区和珠三角地区初步形成了大型企业孵化带动中小企业发展、大中小企业协同发展的良好局面，大数据业务收入在1亿元以上的企业比例最高。

中国大数据发展趋势展望

重大机遇和优势

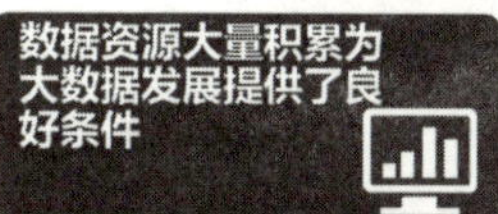

信息技术的广泛深入应用，引发了数据量的爆发式增长，我国在信息产业不断发展、信息化不断推进的过程中，积累了大量的数据资源，为大数据发展提供了源泉。

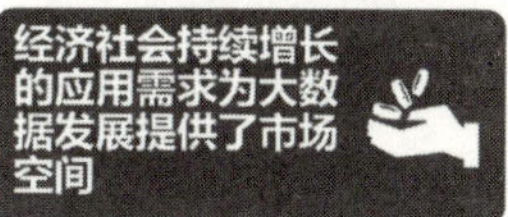

大数据技术产品创新正逐渐从技术驱动转向应用驱动，旺盛的应用需求和巨大的市场空间是我国大数据产业创新的强大内生动力。

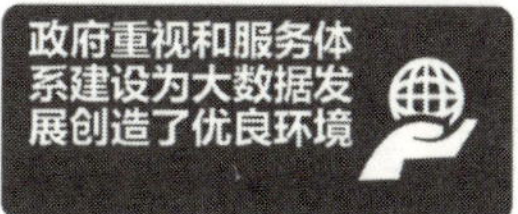

十八届三中、四中、五中全会指出要利用大数据推动政府治理能力的提升，加快公共数据开放共享，推动大数据在科学决策、政府管理和公共服务等领域的应用，助推简政放权和万众创新。良好的政策环境为大数据发展创造了难得的政策机遇。

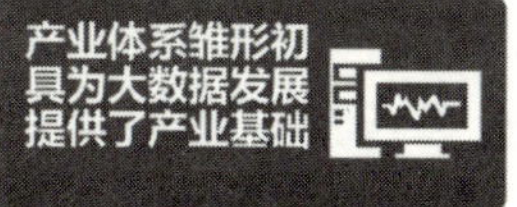

2015年，我国规模以上电子信息产业总规模超过15.5万亿元，比“十一五”期末翻了一番。大型数据中心向绿色化、集约化发展，云计算服务逐渐成熟，国内龙头企业面向大数据新需求，积极推出新产品和新服务，一批新兴的专业化大数据企业崛起。

我国具有发展大数据产业的天然优势。

我国人口多、企业数量多、经济规模大、工业产品与基础设施数量庞大，大数据产业与应用具有很大发展潜力。

数据资源大量积累为大数据发展提供了良好条件，经济社会持续增长的应用需求为大数据发展提供了市场空间，政府重视和服务体系建设为大数据发展创造了优良环境，产业体系雏形初具为大数据发展提供了产业基础。

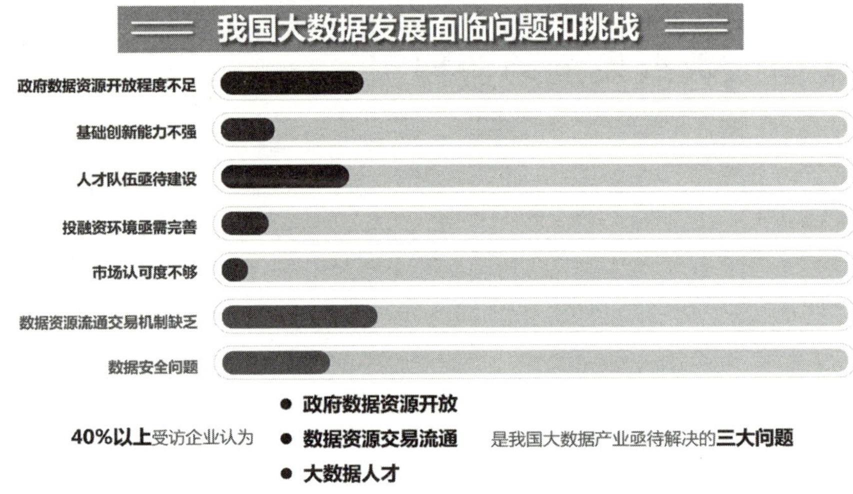

同时，我国大数据产业发展也面临问题和挑战。中国大数据产业生态地图调研结果显示，受访企业普遍认为政府数据资源开放、数据资源交易流通和大数据人才是当前我国大数据产业发展亟待解决的三个问题。

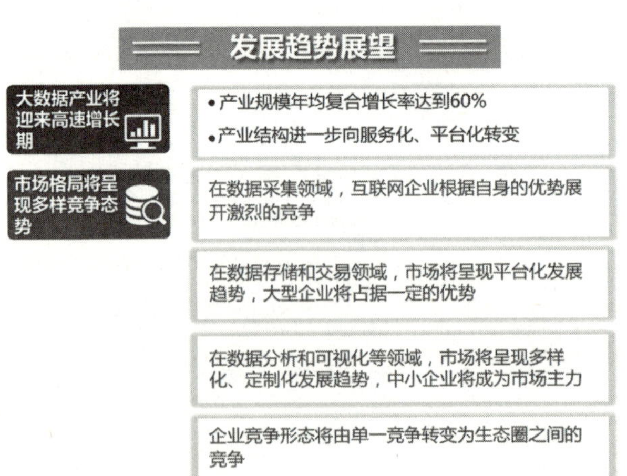

此外，技术创新能力不足、投融资环境急需完善、市场认可度不够、大数据安全也是我国大数据发展面临的挑战。

“十三五”期间，我国大数据产业将呈现产业规模快速增长的基本态势，年均复合增长率将达到60%。

同时产业结构也将发生明显变化，服务化、平台化转型特征明显。

大数据市场竞争会比较激烈，数据采集、数据存储交易、数据分析等热点领域将是竞争焦点。大数据行业产业链耦合紧密的特点，决定了企业竞争不会是单个企业之间的竞争，而是产业链之间、生态圈之间、产业联盟之间的集体竞争。

政务、工业将成为大数据应用热点领域

政府应用场景更加丰富，应用也将更加高级

大数据将成为推动工业与互联网融合发展并最终实现智能制造的重要工具

大数据领域将成为资本关注的焦点和投资热点

创新创业企业不断涌现，投融资需求旺盛

大数据企业投融资活跃，投资回报率保持较高水平

政务、工业将成为大数据应用热点领域。政府决策与社会管理中应用更加丰富，公共服务领域的大数据应用将涌现大量创新典型。工业大数据及其应用将取得重大突破，应用创新热点纷呈，成为智能制造发展的基本路径。

大数据领域也将成为资本市场高度关注的投资热点。创新创业企业不断涌现，投融资需求旺盛，大数据企业投融资活跃，投资回报率保持较高水平。

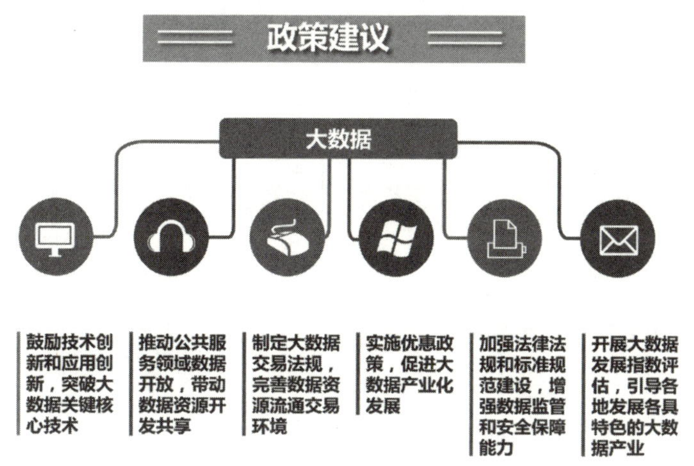

大数据产业是新兴产业，具有显著的知识性、外部性和幼稚性。建议国家对大数据产业实施特殊的产业政策。

一是鼓励大数据技术创新和应用创新，突破大数据关键核心技术，尤其是在大数据采集、处理、挖掘和展示工具技术上，要取得实质突破，同时鼓励和引导社会应用及产业化发展。

二是推动公共服务领域数据开放，带动数据资源开发共享，制订实施政府数据开放计划，确立数据开放的机制、重点开放领域和实施步骤。

三是引导和规范数据资源流通，组织开展数据流通交易平台建设试点，支持第三方平台提供数据资源汇聚、交易撮合、定价估值等服务，盘活社会数据资源。

四是将软件产业政策适用到大数据产业领域，针对大数据产业制定更优惠的财税、投融资、人才等政策，促进大数据产业又快又好发展。

五是加强法律法规和标准规范建设，研究制定数据开放原则和机制规范、数据分级标准、数据发展及使用的责任与权益等大数据发展应用过程中的必需法规标准。

六是开展大数据发展指数评估，监测大数据产业发展进程，引导各地发展各具特色的大数据产业。

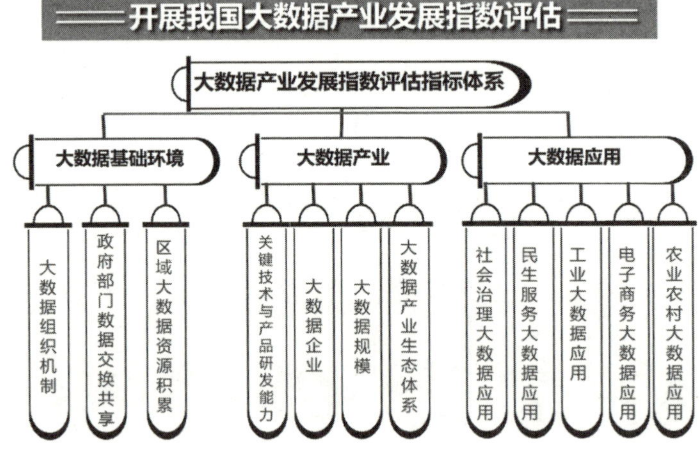

应设计并定期发布大数据产业发展指数，对国家和各地方的大数据发展情况进行量化监测，成为行业发展的温度计和风向标。

大数据产业发展指数的指标体系从大数据基础环境、大数据产业、大数据应用三个方面衡量我国大数据产业发展情况。大数据基础环境涵盖大数据组织机制、政府数据资源建设、区域大数据资源建设等方面。大数据产业涵盖大数据创新能力、大数据企业、大数据产业规模、大数据产业支撑体系等方面。大数据应用涵盖政府治理大数据应用、民生服务大数据应用、工业大数据应用、农业大数据应用、商务大数据应用等方面。

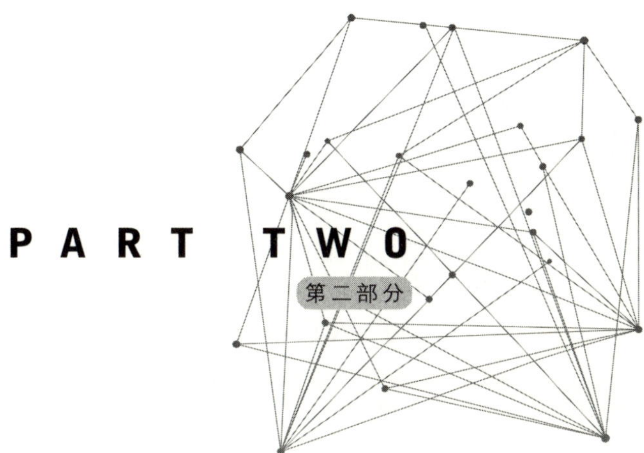

PART TWO

第二部分

数据新势力

久其软件：内生外延　洞悉大数据之生态构建

在网络化数据社会与现实空间的相互作用下，以新一代信息技术架构和良性增益为显著特点的生态系统，在大数据的时代背景下，成为聚光灯下的焦点。

在中国，大数据产业生态已初见端倪，基于大数据产业不同面向的新型大数据企业如雨后春笋般涌现。对于很多传统企业而言，还来不及辨别风向，便已经不自觉地被裹挟其中。

无论是出于国家政策的指引，还是市场环境的优胜劣汰，企业如何快速获取大数据能力，已成为很多传统企业都无法回避的问题。

以报表软件见长的北京久其软件股份有限公司（以下简称久其软件）于2016年年初做出战略调整，明确将久其软件的远景目标确立为“聚焦B2B2C的大数据综合信息服务提供商”。久其大数据解决方案聚焦于为用户实现数据资源获取和整合，加强数据资产开发利用，并综合考虑企业发展战略调整对信息化架构的影响。

在2016年久其软件对外公布的半年报中，我们可以清晰地看到一组数字——营业总收入4.34亿元，同比增长173.52%。那么，作为传统的管理软件公司，久其软件在近20年的企业发展路径中，是如何在所谓的“资本寒冬期”体现出巨大的发展潜能的呢？久其软件副总裁钱晖的解释是——外延并购与互联网内生业务共同助力公司业绩大幅增长。“从2012年开始，策略性地拥抱互联网大数据，久其软件采取的是内生外延的方式：内生就是鼓励内部相关人员创业，外延就是在久其传统业务持续增长的前提下，通过另外一套全新的架构来做新业务。”钱晖对于久其软件如何把脉大数据时代，阐述了一套完整的方法论。

代入“互联网基因”

久其软件的传统业务主要包括报表管理软件、电子政务软件、集团管控软件、商业智能软件等管理软件的研究和开发，各大部委为主的政府行政事业单位、以央企为代表的大型企业集团相继成为久其软件的客户。毫无疑问，这些大型政企客户逐渐成为了支撑久其软件可持续发展的重要资源。

依托其强大的传统业务发展潜能，久其软件于2009年在深交所成功上市，成为首家从“新三板”成功转板的公司，其示范效应曾让“新三板”市场出现疯狂的投机热潮。

在久其软件核心管理团队的眼中，外界眼中的“造富神话”更多地转化一种来自资本方的巨大压力。尽管传统业务依然保持了稳定的增长态势，但随着大数据时代的来临，公司传统业务也正在经历从数据采集向数据价值挖掘转变、从统计系统向数据中心转变、从数据纵向管理向跨行业横向应用转变、从定期报告向移动端共享与服务转变。

如何行之有效地解决客户的痛点？伴随传统企业孜孜不倦地寻求业务创新增长点，这个问题也将迎刃而解。

“2012年，我们开始布局大数据相关的互联网业务，策略上仍然采用的是内生外延的方式。”钱晖认为，传统企业缺少互联网基因，在内部创业的过程中，这种匮乏带来的发展阻力会表现得十分明显，而这种互联网基因将成为大数据变现的重要手段。而久其软件的做法则是，通过“购买一个互联网基因”来弥补不足。

2012年2月，久其软件正式发布云计算战略，并同期发布《久其软件云计算战略白皮书》，久其云计算产品包括基于公有云的SaaS服务、PaaS服务以及私有云解决方案。2012年10月，海南久其云计算科技有限公司正式宣告成立。

2013年，久其软件整合内部报表与商业智能资源，推出面向综合应用的久其唯数大数据解决方案及系列产品与服务。

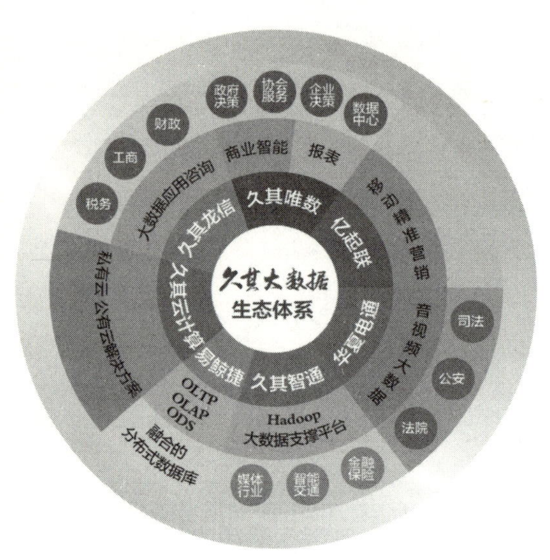

久其大数据生态体系示意图

2014年，久其软件以现金和发行股份相结合的方式购买北京亿起联科技有限公司100%股权。这项收购行为，成为久其软件在移动大数据营销领域的积淀。

同样是在2014年，久其软件控股北京智通胜创科技有限公司，为增强大数据整合与分析能力做足准备。相关资料显示，智通胜创于2011年创立，一直专注于大数据分析应用领域，在Hadoop平台研发及应用、互联网实时分析及精准营销等方面具有较强的技术实力。

2015年年初，久其软件与龙信数据（北京）有限公司宣布双方将共同出资1000万元成立北京久其龙信数据有限责任公司（简称久其龙信），久其龙信的创立，旨在联合两家母公司的优势资源，运用大数据思维，以财政、税务、工商领域政府大数据应用为切入点，深度挖掘政府大数据价值，向客户提供大数据一体化解决方案，以最具竞争力的产品和服务，满足电子政务领域日益复杂的市场需求。

2015年底，全资收购在公检法司领域音视频一体化解决方案供应商华夏电通股份有限公司。2016年初，收购社会化营销的龙头企业。

自此，以久其云计算、久其唯数、久其亿起联、久其智通、久其龙信、华夏电通为代表的久其大数据生态体系基本成型，并形成了一套集“咨询+实施+技术+平台+运维+云服务”于一体的大数据整体解决方案。

如今，久其软件已经具备了较为成熟的大数据研发体系，率先拥有了完全自主可控的大数据技术，建立了集大数据采集、处理、分析挖掘、展现、应用服务于一体的技术与产品体系。目前，已发布国内首个大数据应用支撑平台（DARWIN，达尔文平台），成功推出统一多源异构数据提取整合平台，已集成多款开源的技术工具（如R语言），且具备音视频数据和文书数据挖掘能力。

在钱晖看来，这套面向政企大数据业务应用的生态链布局，其出发点在于，洞悉中国大数据产业生态的优劣，了解客户未来大数据应用诉求，掌握大数据相关技术发展趋势。久其软件的大数据生态体系建设必将对整体大数据产业生态的建构起到关键作用和积极的影响。

“从整个产业生态布局上看，有几点可能需要特别关注。”钱晖指出了三个层面的关注点：其一，实现自主可控的底层架构；其二，底层设计要与顶层业务相结合；其三，要做出一些能接地气的大数据示范项目。“久其软件希望将以上三方面与国家政策指导下的经济转型结合起来，完善行业应用，发挥自己的独特价值。”钱晖谈到，久其软件在制订业务规划的时候，往往会从宏观上考虑如何配合国家宏观政策的定位与经济环境的变化。

“中国传统经济转型中呈现出最大的问题就是传统产业的升级改造，工业作为国家命脉，在这里面占比非常大。在研究产业如何实现对接的时候，大数据能起到一个非常独特的作用。理解产业转型，要兼顾培育新的产业和实现传统产业的升级改造。对于‘僵尸企业’要采取壮士断腕的手段，这些都需要数据来提供支撑。”钱晖谈及个人的理解。

寄情民生大数据

在《促进大数据发展行动纲要》（简称《纲要》）发布以后，作为《纲要》中提及的几个重点领域，比如工业、农业、民生等，都成为了中国未来大数据落地的重点领域。对于久其软件而言，其传统业务发展趋于稳定，在云计算、移动互联、商业智能等新兴数据处理和应用领域亦已积极布局，这为其转型大数据业务奠定了良好的基础，特别是久其大数据实现数据共享和数据资源利用，以信息化手段助力政府决策科学数据化、民生服务便民化，这使得“大数据+民生”成为久其软件的重点发展方向。

对此，钱晖深有体会，他谈道：“我们对民生是有感情的。我们对民生的理解是真正跟千家万户之间产生关联，即生老病死、衣食住行、教育、卫生、交通、文化等，还包括我们国家的精准扶贫和养老助残，都在民生大范围之内。”

近年来，久其软件通过一系列大数据项目实践，运用自有的久其大数据技术，在扶贫、养老、助残、教育、卫生、林业、农业以及交通出行等民生领域，助力政府智慧转型。“实际上，我们希望借助大数据应用协助政府构建公共数据共享平台和

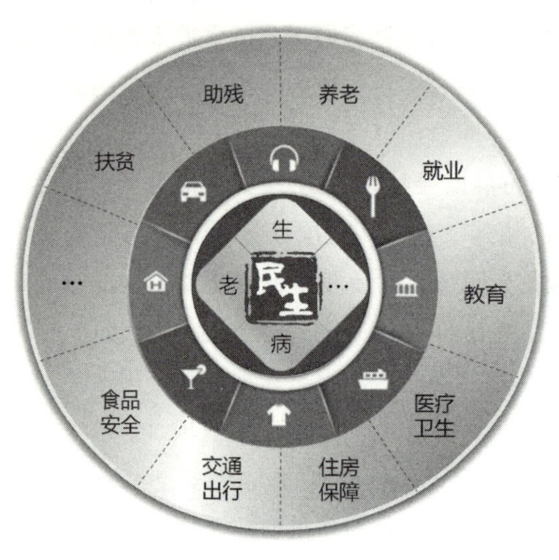

久其民生大数据应用

社会公共信息服务平台，进而完善政府治理体系，增强政府治理能力。”钱晖说道。

具体做法上，围绕大数据的核心技术做相关布局，包括数据采集、存储、处理、计算、挖掘、可视化分析等，在此基础上，结合多年民生领域的积累，有针对性地提供大数据的业务解决方案，为政府管理模式的变革、治理能力的提升及各项辅助决策提供支持。

在实际的落地过程中，久其软件以业务解决方案为龙头，以技术平台为基础，为客户提供业务支撑，包括从咨询到规划建设，再到运维，甚至未来的增值业务等一条龙服务。

“我们为什么做这个？我们是在对大数据资源的应用模式做新的探索。因为从现实看，我们不能把政府数据直接拿来构建一个数据资源池，除了政府数据、企业数据、行业数据等，我们更愿意选择提供一种合作运营的模式。并通过市场交易的模式，去获取公开的数据，遵循共建、共享、交换、交易的原则构建数据资源池，明确技术标准数据、整合业务明细数据、共享交换数据，丰富政府公共数据共享平台和社会公共服务平台的数据资源，从而发挥民生大数据的真正作用。”钱晖认为，在民生大数据领域，久其软件可以更多地发挥企业传统优势，将民生大数据的实践贯彻下去。

2016年，大数据精准扶贫成为了年度热点话题。据钱晖介绍，在国家扶贫开发方面，久其软件依托自主可控技术平台承建了国务院扶贫办精准扶贫决策支持系统，实现了贫困户的精准识别、精准帮扶和精准脱贫，助力扶贫举措精准到位、扶贫资金优化配置和扶贫成效量化评估。

事实上，久其大数据生态体系的布局展示了久其软件在大数据领域的战略与技术储备。在聚焦数据20年后，久其软件所具备的数据采集能力、数据存储能力、平台计算能力、数据挖掘能力、可视化展现能力、融合服务能力等六大大数据核心能力，也足以支撑起行业应用的落地实施。

展望

2016年7月，久其软件发布公告称，为进一步完善公司大数据生态布局，充分利用资本力量促进公司大数据战略落地，宣布拟以自有资金出资人民币1亿元参与认购大数据产业基金。另外，借助合作方的项目运作及资源优势，挖掘出更多领域的大数据应用项目，获悉和掌握更多的大数据技术以及数据源，提升公司的综合竞争力和整体赢利能力。这项举措无疑将成为久其大数据生态体系构建中的关键一环。

经过多年布局，久其自建大数据生态和业务体系得以一步步完善，以“久其唯数”自有大数据业务为基础，通过前后延伸，已经构建起完整的大数据产业链条。目前，久其软件又迈出了新的一步，借助中国大数据产业生态联盟，牵头组建国内领先的财经大数据专业委员会，财经大数据与民生大数据双翼齐飞的局面即将到来。

未来，以久其软件为代表的企业，或将在中国大数据产业生态体系中，留下浓墨重彩的一笔。

美林数据：大数据推动中国制造业升级

面对全球工业4.0热潮，我国政府和企业都在积极摸索智能制造战略的发展之路。而近几年国家对智能制造、大数据的重视，也让美林数据技术股份有限公司董事长程宏亮先生更加振奋，筑梦路上，他不再孤独。

在工业信息化领域耕耘十余年的程宏亮，深谙制造业发展的困惑。中国作为世界制造大国的地位，伴随着劳动力成本的提升以及人才、创新、法律环境等方面的短板，正面临美国等西方强国的挑战。单一依靠成本优势来取胜的时代正在远去，中国制造业的竞争力正从此前的“成本创新”向更广泛的技术、产品创新转移，智能制造、服务型制造和互联网+制造是中国面临的难得机遇，中国有望在这些领域打造新的竞争优势。而这一场盛大的转型升级革命，不仅仅是国家的责任，更是每一个投身智能制造的企业和个人的使命，程宏亮和他的团队看到了这场革命的希望，但也更多地意识到肩负的责任重大，每每谈及中西制造业差距，程宏亮心里都会有越来越强烈的危机感。

要敢于做梦

众所周知，与德国这样先进的制造业强国相比，中国制造业的差距至少在20年以上。而且，如果不能在短期内有所变革的话，这种差距将会越拉越大。

但如何才能缩短这一差距呢？

程宏亮坦言，他之前虽然做了十几年的工业信息化建设，但却一直没能找到解决这一问题的方法。直到2010年，大数据时代的来临，点燃了程宏亮的兴奋点。在程宏亮看来，大数据将成为中国制造业能否追赶德国制造业的重要驱动力之一。“最近大家都在谈智能制造，可以看到，信息技术和制造技术的深度融合已经成为必然的发展趋势，而在这一过程中，云计算、大数据、物联网等都将起到十分重要的作用，特别是大数据，将会对中国制造业的转型升级带来关键的支撑。”

正是因为看到了大数据给中国制造业所带来的发展机会，从2010年开始，程宏亮便带领美林数据开始向工业大数据领域转型。任何转型都不会轻松，在转型过程中程宏亮和美林数据也遇到了很多的问题和困难，但他的决心却从未改变，用他自己的话来说就是带领团队凤凰涅槃：“转型的过程是十分痛苦的，从2010年到2013年，仅在大数据平台的研发上，我们就投入了5000万人民币。当时国内大数据氛围还没有完全建立，公司的大数据业务还没有赢利，因此都是用传统的管理软件收入来进行补贴，这也导致了公司内部的一些争论和矛盾。也曾有人劝我说，几十年的差距，怎么可能追得上？我们放弃现金流业务，去转型还未看到前景的创新业务，是不是太冒险？”对此程宏亮并不气馁，而且，经常用北大方正王选的经历来激励自己。

20世纪80年代，在激光照排领域，中国与美国等国家相比，差距巨大。当时，国外已经在研制激光照排四代机，而我国仍停留在铅印时代。我国政府打算研制自己的二代机、三代机。但王选大胆地选择技术上的跨越，直接研制西方还没有产品的第四代激光照排系统。针对汉字的特点和难点，他发明了高分辨率字形的高倍率信息压缩技术和高速复原方法，率先设计出相应的专用芯片，在世界上首次使用“参数描述方法”描述笔画特性，并取得欧洲和中国的发明专利。最终，这些成果开创了汉字印刷的一个崭新时代，引发了我国报业和印刷出版业“告别铅与火，迈入光与电”的技术革命，彻底改造了我国沿用了上百年的铅字印刷技术。国产激光照排系统使我国传统出版印刷行业仅用了短短数年时间，从铅字排版直接跨越到激光照排，走完了西方几十年才完成的技术改造道路，被公认为毕昇发明活字印刷术后中国印刷技术的第二次革命。自此之后，中国的激光照排系统一直处于全球领先地位，直至今日，仍是如此。

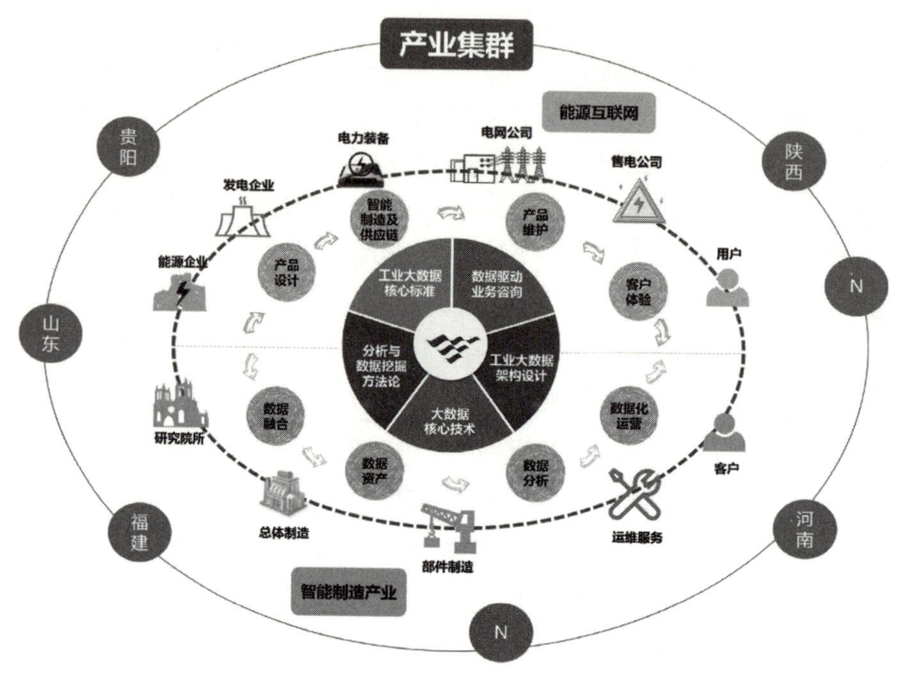

美林数据大数据产业生态

“王选为什么能够研发出全球领先的激光照排系统，是因为他敢想，敢于去追赶甚至超越。同样，如今中国制造业也面临同样的情况，所以我们也必须要敢于做梦，敢于去缩短与德国等制造强国的差距。”程宏亮说道。正是这样的初心支撑了他和他的团队，坚持了转型这条路，并逐步获得成功。时至今日，大数据产业的蓬勃发展已经证明了美林数据当初转型战略的正确。可以说，在经历了数年的转型阵痛期后，美林数据已经成为一家真正的大数据企业。

大数据的出现给中国制造业提供了一个难得的发展良机，大数据已经成为政府和企业最核心的资产，未来大数据的价值挖掘及变现将会得到充分利用，这将造就千亿级以上的市场。而美林数据也会抓住这一良机，利用大数据来推动中国制造业的转型升级。“这其中既有时代使命和责任，也有企业商业利益，何乐而不为呢？”程宏亮坦言道。

行业积累是关键

对于工业大数据的市场前景，程宏亮深信不疑。特别是在生产制造方面，大数据将会带来颠覆性的改变。不过，与目前火热的互联网大数据不同的是，工业大数据的应用对于企业而言，门槛还是相对较高的。“工业大数据与互联网不同的是，它和行业的业务结合十分紧密，因此，对于企业的行业积累以及对行业业务的深入理解都有很高的要求。”而这恰恰是美林数据的优势所在。

确实，互联网大数据和工业大数据有着很大的差别。从数据结构上看，互联网大数据中，非结构化数据占较大的比重，而在工业大数据中，则以结构化数据为主。数据结构的不同，导致数据分析的切入点也会不同。“互联网数据更多的是趋势分析，比如说精准营销，是通过历史数据的分析，来预测消费者接下来会买什么东西，这叫趋势，不一定完全准确。而工业的分析则相对要求要准，要有十分清楚的逻辑关系。”程宏亮分析说。

事实上，从需求来看，目前国内制造业企业对于大数据的需求十分明显，但究竟该如何入手，很多用户仍然处于观望和尝试阶段。因此，对于大数据服务商而言，需要结合行业业务，找到合适的应用场景。“这取决于IT企业对于用户行业数据的理解能力，这也是美林数据多年经营和专注的领域。”程宏亮说。

为了能够更好地帮助行业用户特别是制造业企业更好地切入大数据，美林数据将多年积累的对行业业务和行业数据的理解，进行了固化和抽取，并形成了自主产权的Tempo大数据分析平台。该平台是一款专注大数据挖掘与可视化分析的业务增值工具，覆盖了数据集成、分析、挖掘和可视化等大数据技术的核心环节，能有效帮助用户解决数据价值发掘和利用的问题。“Tempo支持分布式并行计算、内存计算、流计算、图计算，产品内嵌10种世界领先独创算法、19种经典算法，自主、安全、可控。能有效帮助用户解决数据价值发掘和利用的问题，实现数据价值发掘，数据创造价值，决策可视化。”程宏亮介绍说，该平台目前已在电力、制造、金融及其他领域得到成功应用。

目前，在国内做工业大数据应用的企业并不少，但真正拥有自主知识产权核心技术的企业并不多。“在工业大数据平台领域，能和我们竞争的企业并不多。因为，要想做好工业大数据应用，首先必须有一套严谨的数据推理逻辑，同时，还要有平台和工具。美林数据有一些算法和数据分析技术在全球大数据市场都是领先的。”程宏亮说道。例如，在视觉聚类方面。聚类是数据挖掘描述任务的一个重要组成部分，是指将数据对象划分为若干类，同一类的对象具有较高的相似度，不同类的对象相似度较低。聚类的关键是如何度量对象间的相似性，在这方面，传统的分类方法是人为进行划分。而美林数据采用的则是视觉聚类，也就是利用视觉的原理进行分类，这种分类方法可以解决很多复杂的实际应用问题。再比如，在数据降维方面，美林数据也有其独到之处。在程宏亮看来，数据可以分为几类，一类是数据，这类数据的特点是低维低频；还有一类是大的数据，这类数据的特点是低维海量，这类数据可以采用传统的BI软件来分析；最后一类是大数据，大数据的特点是高维海量。“要处理这类数据，首先要做的就是降维，也就是如何将高维变为低维，这样才能找到用户所要解决的主要问题。在这方面，美林数据的处理技术在整个行业都是领先的。”程宏亮介绍道。

打造数据生态链

作为一个新兴的应用领域，大数据与很多传统只解决某一个问题的IT应用不同的是，它所涉及的领域十分广泛。不仅包括IT软件、硬件、服务等各个环节，而且还与各个行业密切相关。因此，大数据的落地其实是一个系统工程。要想使大数据在国内制造业真正落地并产生价值，绝不仅仅是某一个或几个企业就可以实现的。所以，如何打造完善的大数据产业生态链，就成为了其中的关键所在。

对于这一点，美林数据早就已经开始布局。程宏亮还提出了“数据流”这一概念。在他看来，在行业上下游之间，未来会出现类似于资金流、物流的数据流流通交易。“传统业务是在获取客户数据的基础上做数据挖掘和分析，获得有价值的信息；新业务，是将单一企业的数据同行业上下游的数据进行流通、共享、跨界应用，提升产业链的综合竞争力，打造闭环的数据生态链，从而帮助产业链条中各企业都能实现自有数据的增值，并从数据生态链中获益。”

在构建数据生态链过程中，十分重要的一环就是打通产业数据流通，这样数据才能够在产业内实现流动、共享，产生更大的价值。不过，可以想见的是，这一过程绝不简单。因为，对于很多用户而言，可能还不清楚，究竟哪些数据才是资产，哪些数据才能产生更大的价值。如果不解决这一问题，那数据的流通可能就会大大降低。“所以，从2015年起，我们就在帮助用户去解决这一问题，目前已经看到了很好的效果。在这方面，2016年下半年就能够看到显著的提升。”程宏亮表示。

另外，美林数据在构建数据生态链的过程中，也十分注重对大数据创业企业的投资和培育。不过，程宏亮所说的投资和传统意义上的投资并不相同。“一般意义上投资投的是钱，而我们给创业企业投资的是数据。”之所以能够提供数据投资，是因为美林数据积累了大量的产业数据，这些数据对于创业企业而言，显然有着十分巨大的价值，创业企业可以利用这些数据，进行更多的应用开发，成为其重要的生产资料。“如果没有数据这一重要的生产资料，大数据创业企业很难进行持续的生产。而我们通过不断地积累，可以为这些企业提供源源不断的产业大数据，这对于创业企业而言，无疑是一个十分有力的支撑。但需要强调的一点是，我们基于行业发展自律的要求，不会直接提供源数据，而是产业数据价值，这一点也有别于当前的数据交易概念。”

在程宏亮看来，数据生态建设和投资也是数据价值的一种体现和释放。现在，很多人都将数据称为是下一个金矿。不过，程宏亮更愿意将数据称为土壤。“金矿，是稀缺资源，挖完就没有了；而土壤，是基础资源，只要有种子、阳光和水，可以不断地孕育出新的生命。”

看得出来，对于我国工业大数据的未来，程宏亮充满了希望，“大数据是中国制造业追赶制造强国的最重要机遇，这一次美林数据将会全力冲刺！”

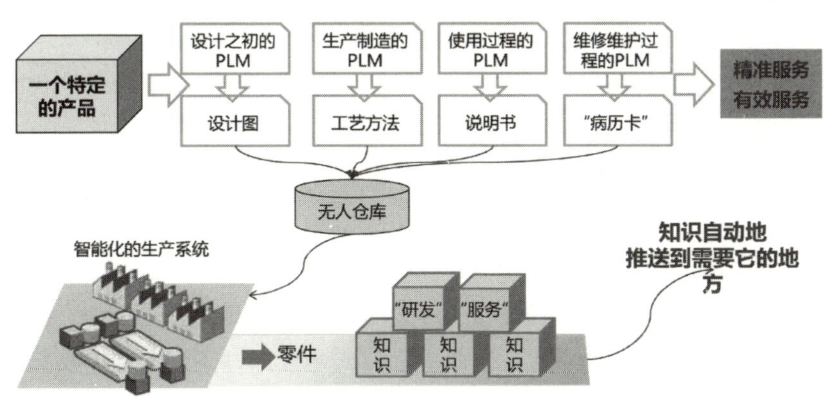

美林数据产业数据运营布局

企服中国：大数据“云加端”助力产业服务开启新篇章

在产业互联网时代，新赢家应该是“拥有金矿的人”(采集数据)和“会炼金砖的人”(会用数据)。大数据堪比黄金和石油，更将成为企业取之不竭的金矿。越来越多的企业都加入了大数据掘金的行列，事实上，大数据本身也处于快速迭代的发展之中，如何利用大数据这个金矿帮助企业在产业互联网时代乘风破浪？这是一个历久弥新的话题。

“技术云”：倡导大数据创新产业“云”服务

“我们更关注企业的产品研发和市场业务拓展所需要的大数据支持，大数据采集和分析软件不是我们关注的重点，这些方面我们主要通过采购微软以及其他大数据领域的先进成熟技术和产品来提升。我们为企业解决的是数据源的权威性，解决多数据源采集分析，形成企业可视化的报告和图形才是我们不断追求的、倡导的大数据服务方式。让企业对自身行业和技术领域中周边发展环境和竞争态势有一个初步和量化的参考，以及对未来走势有一个预判，为企业管理层提供决策依据，为技术开发和研究提供数据支持。”企服（上海）网络信息技术有限公司（简称企服中国）总经理叶春辉介绍道。

作为一家提供“互联网+”产业技术服务的创新型专业技术服务公司，企服中国打造的“技术云”系统建立在微软的平台架构上，部署在WindowsAuzer云端。叶春辉介绍道：“技术云平台不仅仅是一个资源共享、协同创新的平台，各种创新要素在这里集聚、交流、碰撞，形成的是一个共同成长、共同创新发展的产业专业服务生态圈。这是一个致力于建立技术保障经济、将知识转化生产力的良性发展的生态圈。”

众所周知，大数据为平台服务提供了信息支持，而服务的落地也有利于有效数据不断被采集，形成数据循环。“我们首先是一个服务型公司，主要解决产业技术服务的问题，围绕产业服务，我们的定位是服务产品的升级和改造或者研发，这里面需要大量的数据支撑和行业科技情报，这些东西我们都可以提供。”在企服中国看来，“技术云”平台被产业互联网的大潮所裹挟，通过其核心产品“技术云”平台，不断地为“智造”型企业提供服务支撑。

为何要锁定“智造”型企业？依据工业和信息化部关于信息化与工业化融合的总体部署，上海被列为“工业云”创新服务试点城市，并竭力打造“聚合百家资源、服务万家企业”的上海“工业云”创新服务品牌，促进“四新”（新技术、新产业、新模式、新业态）经济发展和产业转型升级。在此背景下，企服中国看到了工业云在未来中国的发展前景不可限量，总经理叶春辉指出：“工业云在中国的发展必将与国家整体发展思路相一致，特别是针对中国制造业，改造、提升、培育、发展是核心关键。”

打造产业服务的阿里巴巴

企服中国全国首创的“技术云产业服务大数据协同云平台”要打造产业服务的阿里巴巴。这个平台创建的初衷，是为“智造”型企业搭建一个集成互联网数据挖掘、商业智能分析、行业科技情报、专家技术支持、企业培训、商务社交、专业服务机构远程协同的云平台系统。而平台的建立主要是为企业提供信息知识加工和创新为主的数据挖掘、商业分析等创新服务，加速信息知识向产品、资产及效益转化，切实提升企业的产品创新能力与核心竞争能力，打造“企业网互联，技术云互通”的产业服务创新模式，将产业服务向“云加端”转移。

“云加端”这种平台模式，在大数据时代不断发酵。在通常理解下，“云加端”的运营流程可以理解为，一个开发者借助平台所提供的API完成应用开发，同时数据可以存储在平台提供商提供的应用托管服务平台中。在应用开发完之后，通过平台管理员审批，最终纳入到应用开放平台中，这个应用开放平台由用户通过门户应用目录的方式进行获取。

因此，“云加端”其实是一种典型的应用聚合的平台服务模式。其最大价值在于，通过“云加端”的模式，得以掌握用户所用的全部数据流，这些庞大数据流本身的商业价值也不可低估。通过对于用户数据进行深入挖掘，将无形资产转换为有价值的产品，这几乎是所有平台领导者的长久赢利模式之所在。

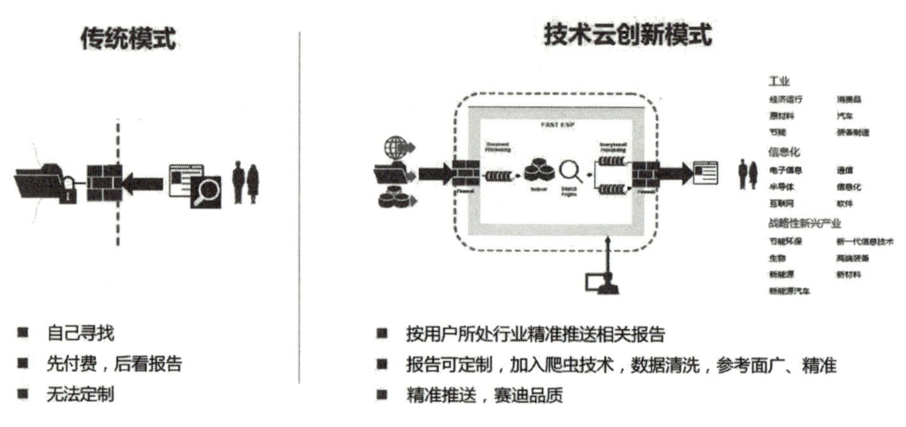

技术云创新模式

企服中国看到了“云加端”背后所潜藏的巨大商业价值，而企服网络也将集聚八方资源，通过“技术云”产业服务平台将“云加端”产生的平台效应发挥到极致。

企服中国总经理叶春辉介绍：“‘技术云’产业服务平台建成后，可公开和共享的信息包括向企业推送政策解读、行业分析、科技情报、商情信息、产学研技术、培训课件、创建科技成果库、专家数据库、知识文献库等技术信息、技术资料和技术服务，通过远程协同功能和视频会议系统的集成，大幅提升专业技术服务机构服务企业的效率和便捷性，减少中间对接的过程，更好地服务制造型企业，推动制造业向‘智造业’转型创新，适应制造企业发展的需要。”而“技术云”的终极目标是，打造知识分享和互联网服务的社区，并接入到众多众创空间，为创客们提供在线知识分享、服务资源对接、政策解读、行业分析、创新创业培训等众多服务。

2016年4月，企服中国与赛迪顾问达成全面战略合作伙伴关系，战略合作首先将在“技术云产业服务大数据协同云平台”上全面开放行业报告、科技情报等信息资源。在园区服务方面，赛迪顾问将“技术云产业服务大数据协同云平台”作为其在推动智慧园区定位和服务的重要合作平台推荐给各地政府和园区，针对重点行业大数据的创新应用，以为企业提供信息知识加工和创新为主的数据挖掘、商业分析等创新服务。

2016年10月，企服中国牵头成立“中国大数据产业生态联盟产业互联网服务专业委员会”，希望通过中国大数据产业生态联盟建立起产业服务的“生态圈”。专委会定位于组建产业服务专业机构、专家学者的生态圈，并依托“技术云产业服务大数据协同云平台”实现产业服务互联网“+”，并通过链接政府、园区、专家、机构等多方资源为工业企业提供更多专业技术服务，有效促进产业服务的效率和专业度，推动工业企业转型升级的需求和产业专业技术服务的对接，实现专委会“聚合千家资源、服务万家企业”的服务宗旨。

未来五年，企服中国又将如何持续发力并不断创新呢？叶春辉谈道：“未来，面向‘智造’型企业，将针对重点行业大数据的创新应用，与大数据行业企业数据库实现互联互通，并结合企业转型需求，量身定制各类数据模型，让企业通过结合自己的业务数据、产品数据实现精准化分析和推送，同时，让企业的管理层、技术层的知识储备和更新保持在同一维度上。”

“我们坚信，通过‘技术云’产业服务平台与‘智慧园区’、‘服务型政府’以及其他专业技术服务机构无缝衔接，形成交流和远程协同云平台，让企业在社交中拓展视野，提高团队和管理层的综合能力，甚至在社交中打通上下游产业链，形成新的产业集群。我们的目标是，在未来两年内，实现产业服务从线下到‘云加端’的转化，使企服网络服务的企业获取服务的方式更便捷、安全、专业，以适应传统制造企业向‘智造’的转型发展和产业升级。”叶春辉描绘了“技术云”平台的美好愿景，这也将是产业互联网融合发展的新方向。

神州信息：大数据全面布局　领跑多行业

神州数码信息服务股份有限公司（简称神州信息）隶属于神州数码控股有限公司，是中国最大的整合IT服务提供商。作为国内最早的IT企业之一，面对市场的不断发展，神州信息始终引领我国金融、政府、电信等大型行业信息化的发展。随着大数据在中国城市化建设进程、改善民生等方面发挥的作用日益显著，神州信息推进“平台化服务、数据化运营”发展战略，多年来更是为推动大数据在人口、农业、税务、金融、医疗、电信等行业应用落地起到积极推进作用。

税务大数据释放价值

“在大数据时代，数据确有价值，但需要数据积累到一定程度，才能发挥出价值，数据的价值须建立在数据的量变之上。”神州信息大数据资深专家郝晋瑞这样理解他心目中的大数据。“神州信息多年来为政府提供税收业务系统、数据分析系统等税务大数据系统相关建设服务。通过互联网数据采集，数据分享等手段逐渐积累起一定的数据资源。在服务方式上，神州信息延续项目交付式的传统服务模式，为客户提供服务，这也是进行数据积累、分析的一种常用手段。”在采访中郝晋瑞这样描述神州信息在税务大数据领域的数据积累、挖掘、分析过程与服务模式 。

税收作为经济杠杆之一，具有调节收入分配、促进资源配置、促进经济增长的作用。1985年开始，神州信息推出税收征管系统（CTAIS），从CTAIS1.0、CTAIS1.1、CTAIS2.0，逐步覆盖基层、市局、省局三级税务机构，直至2014年“金税三期”项目，该系统是我国唯一的、完全符合国家税务总局所发布的税收征管业务流程规范开发并能及时跟踪其更新过程的、全国统一版本的税收征管应用软件。也正源于此，30年来神州信息与税务局成了最为亲密的CP。

“在和税务部门的合作中，我们通过税务大数据平台来帮助税务部门做到应收尽收；在企业方面，通过购买税务数据服务去检查自身的纳税情况是否健康，降低企业纳税风险，切实做到征纳双方的‘减负’。”郝晋瑞进一步阐述了税务大数据的实用价值，以及对未来纳税人税收征管的深远影响。正是由于在税务与第三方企业之间，神州信息均有了一定的资源优势，在技术上能掌握各种先进技术并针对客户业务情况给予深度优化与个性开发，了解税务部门需要什么样的数据、企业需要什么样的涉税数据服务，神州信息才能开启涉税数据服务的商业探索。

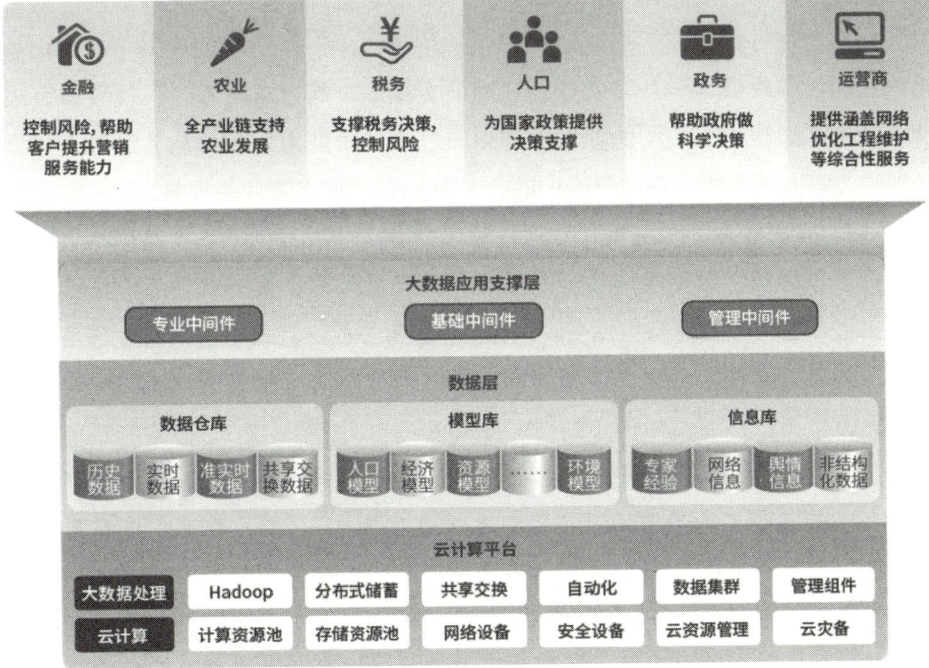

神州信息大数据应用技术支持国家重点项目推进

也正因为神州信息多年来在税务大数据领域不断深耕，令其具备了深厚的数据积累和强大的技术优势，才得以顺利中标“金税三期管理决策分析平台”项目，该平台把总局、省局内部的全部数据进行收集、加工、利用，从而使税务数据实现实时、逐条明细、多维度、多主体、生动化的价值，进一步推动税收征管方式创新，使方便、高效、准确、可靠的税收征管改革得到了切实落地。随着该平台在全国应用推行，税务产业生态体系也得到了升级构建，为税务工作提供了更广阔的发展空间。另外，神州信息正积极尝试推广移动服务，借助手机App、官方微信等平台，实现无处不在的纳税服务，充分发挥移动服务在及时性与灵活性方面的先天优势。

关于未来税务大数据的发展，郝晋瑞坦言：“数据主要集中于政府机关和大型企业当中，数据开放和共享的格局还未形成。”

“互联网＋农业”：大数据打造智慧农村

除税务大数据服务的全面落地，神州信息还将农业领域圈入版图，为形成多元化的大数据产业布局奠定基础。2014年，神州信息通过并购方式，将国内最大的农村信息化综合服务提供商——北京中农信达信息技术有限公司收入麾下，2015年，神州信息通过中农信达将从事农业物联网的企业——北京旗硕基业科技股份有限公司纳入版图。随着两次收购的完成，神州信息在资质能力、农村业务经验、数据服务运营能力等方面形成了更加巩固的综合竞争能力，奠定其龙头优势。

“我们结合农业生产大数据、农业气象墒情和环境大数据、农产品价格大数据以及合作社、农场档案数据等，甚至能在农产品产量预测、大宗农产品价格行情预测以及病虫害预警等各方面提供服务。”神州信息副总裁、智慧农村战略本部总裁张丹丹秉承“为耕者谋利、为食者造福”的信念，为神州信息在农业方面的行业大数据布局把脉。

神州信息看到，大数据在农业方面的价值远不止于此，在相关的金融服务市场潜力更大。“凭借积累的数源信息，我们可以知道谁家种了哪些产品、产量是多少、品质如何，就能够将信息供应给电商去选择，这些无疑将为整个产业链提供有力数据，以支撑农业产前、产中、产后的发展。”张丹丹表示。此外，针对有金融需求的农业企业、合作社、家庭农场，前期资源的配备产生了一种“平台”效应，而依托这个“平台”能够利用储备的数据帮助农民匹配最适合的贷款模式；另一方面，还能帮助出现坏账的金融机构快速进行资产处置，解决农村产权处置难、变现难的核心金融痛点，帮助当地政府构建并完善金融生态，解决农村金融难题。

作为国内最早开展农业物联网研发和规模应用的企业，神州信息拥有现代农业生产管控、质量追溯的大数据平台及智能硬件，并已得到了众多行业客户的高度认可，并形成了独特的竞争优势。如今，在深入农村土地确权、流转及生产经营的基础上，神州信息正以农业物联网所带来的更具深度、更有价值、更可持续的数据服务与增值服务，全面打造基于农业大数据的服务体系，帮助农业转变生产方式、适度规模化发展提供土地资源配置以及配套的农业金融、技术及食品安全等增值服务。

“我们用了十几年的时间去积累数据，然后打通数据，改变商业模式。只有将数据与数据进行交互，衍生出的数据才是有价值的，才能更好地服务于行业市场。”张丹丹认为只有将数据做“活”，才能真正为老百姓谋利造福。

目前，神州信息逐步形成了以农业大数据为核心，依循农业现代化步骤，辐射农业全产业链的业务支撑结构，包括农村政务、农村土地确权、土地流转、农业物联网、农产品安全追溯、社会化服务等。

多点布局　完善大数据行业版图

在复杂的商业环境中，神州信息结合丰富的行业实践经验，不仅能够实现大数据的纵向行业应用，更积极探索跨行业的横向数据整合，在城市管理当中将人口、经济、社会、资源环境等领域大数据信息横向整合，为城市管理者做决策提供充分依据，真正实现“有价值”的数据挖掘、分析与应用的完美落地。

另外，神州信息研发的“中国人口分析及预测模型”全面支撑了国家“单独二胎”、“全二胎”等人口战略调整；基于互联网和大数据建模技术开发的“全联个人信用生态平台”开启了神州信息在我国征信领域的新应用，为我国社会信用体系的完善和互联网金融服务创新提供了有力支撑。

随着大数据产业的不断发展，数据正在让一切变得更智能、更简单、更透明。神州信息基于对各行业30年的深刻理解，结合成熟的信息技术，帮助智慧城市、人口、农业、金融、税务、医疗、电信等行业在大数据领域应用落地，当之无愧为大数据领域的先行者。

CHAPTER 8

第 8 章

荣之联：大象无形　数据无极

随着大数据时代的全面来临，社会全行业在竞争中快速发展，不断推陈出新，引领着商业模式和产业的变革。信息化带来全球数据的快速增长，大数据研究已逐渐成为社会各领域关注的焦点，广阔前景吸引了政府、电信、金融、互联网等多方的广泛参与，诸多国家也已将大数据研究上升至国家战略层面。

北京荣之联科技股份有限公司（以下简称荣之联）执行总裁方勇在接受赛迪传媒的独家专访时说道："抛开技术要素，大数据从本质上来讲与传统商业理念没有太大区别，都是整合资源为用户提供更有价值的服务，只是就大数据而言，资源更充分、手段更灵活、边界更模糊、内容更丰富、思想更活跃、理念更先进。"

大数据爆发恰逢其时

为什么大家这么看好大数据？

"信息技术应用经过多年的积累和发展，已经达到了质变的条件，未来30年将在技术、产业、经济、文化等方面发生翻天覆地的变化。"方勇说道，"就大数据而言，我认为这个产业刚刚起步，但势头迅猛，未来可期。"为此，他列出四点理由：

- 相关技术发展速度惊人；

- 大数据产业已经上升到国家创新战略层面，政府高度重视；
- 参与群体众多，市场规模庞大且持续快速增长；
- 产业融合或产业互联网带来大量的大数据应用和服务机会。

技术是大数据价值实现的基础

方勇认为，随着物联网和移动互联网的高速发展、海量的智能终端和移动设备的联网接入，大家越来越依赖云计算。数据量和数据节点数不断增加，占用了大量的网络带宽或给无线网络带来了巨大的负荷，造成数据传输的时延或错误。分布式的“雾计算”通过智能终端内嵌的算法对数据进行了初步处理，再把分析结果传输到云端，从而有效的应对了我们对数据“质”和“量”的挑战。把计算前置到智能终端的雾计算架构，将成为支撑大数据发展又一新的技术趋势。

“大数据技术和云计算等技术密不可分，数据的采集、存储和计算，都需要云计算等架构和能力做相应的支撑。除了云计算之外，近几年随着内存计算、Spark、数据可视化、人工智能、区块链等技术的兴起和应用，对大数据技术发展起到了巨大的推动作用，成为大数据价值实现的基础。只有根基打得牢，上层应用才能坚如磐石。”方勇如是说。

现实中企业对外投资管理、内部审计、渠道及供应链管理等方面的风险控制，由于缺乏有效的技术手段，识别防范一直较为困难。荣之联孵化业务的“风报”产品（SaaS服务），就是基于人工智能（NLP）技术构建的企业情报分析和风险控制系统，该系统包括工商、涉诉、税务、行政处罚、投融资、高管变动、企业经营业务等信息，通过采集汇聚海量的情报数据，广泛覆盖各类公开公示信息，通过智能语义技术分析处理数据，多维度透视挖掘实体间关联，分析企业情报数据，将企业的“前世今生”显露无遗。

大数据核心价值的体现

大数据的核心价值是促进产业发展融合，是产业升级的动力所在。随着现代信息技术的迅猛发展，数据产生的规模正在呈指数级增长，数据的分享和应用时代已经开启。基于互联网和物联网的大数据已经在社会众多领域产生了深刻影响，极大地促进了产业发展转型和社会效率提升，并将重构未来的产业生态和商业模式。分散的数据通过有效聚合，将产生新的、更大的价值，并形成新的生产力，从而促进产业的融合和发展，方勇强调道。“不是我们比古人聪明，而是今天我们掌握了更多的有效工具，大数据是促进产业发展和融合的利器。企业管理的最核心要素是信息的收集与传递，决策能产生价值，而我们拿到的数据越多，决策就越精准。就像医生一样，获取患者的信息越充分，就能更精准地诊断治疗。”

大数据是如何促进产业发展和融合的呢？方勇还给记者介绍了公用事业的水务和农业大数据的应用案例。

截至2015年，我国水务企业数量超过1300家，水务企业资产总额达9800亿元，销售收入1700亿元，利润仅100亿元，总资产利润率仅为1.06%。全国城市水网一年漏损60亿立方米，各种“跑冒滴漏”和“人情水”导致自来水的产销比长期处于40%~65%。瞄准行业痛点，荣之联和江西省水利投资集团成立合资公司，通过传感器监测网管获取数据，利用大数据技术发现漏损，帮助解决了困扰水务行业多年的难题。“产销比的提升就意味着赢利的增加，只要产销比提升到85%，这个行业赢利能力就明显改善。行业发展只是第一步，我们通过水源地监管、管网和槽井监测、水质实时在线分析构建了水安全系统，未来借力家庭智能终端一方面促进水的合理使用，改善用水支出促进节能减排，另一方面将水库、水产、水旅游、水娱乐，水文化和家庭对接，构建涉水的大产业，这是第二步，也就是依托大数据促进产业融合的实际例子。”

在农业领域，大数据的应用更是大放异彩。作为农业部农业物联网技术集成与应用重点实验室建设依托单位，荣之联旗下成员企业安徽朗坤物联网有限公司，就是通过物联网大数据的应用，解决了农业的生产、经营、协作的组织和创新问题。过去的农业生产是靠农时和经验来完成，现在通过传感器不仅能够感知到土壤湿度、肥力、温度、光照、风向、风力等，而且通过根、茎、叶、果的传感器还可以获得每一株植物的生长数据，从而实现真正的精准农业。“依靠大数据支撑，通过科技手段按需供给。”方勇一语道出了大数据给农业所带来的根本转变。

另外，随着互联网、移动物联网等新一代信息技术在工业领域的应用，低成本的感知、高速移动连接、分布式计算和智能分析等相关技术愈发成熟，信息技术与工业系统正在深度融合，工业企业发生深刻变革，带来了企业研发、生产、运营和管理的创新。工业物联网的推广更进一步沉淀下了海量的工业大数据，利用大数据的技术来充分挖掘分析这些海量的工业数据，是产业升级的关键；大数据技术在加速产品创新、产品故障诊断与预测、供应链的分析和优化、产品销售预测和需求管理、生产计划与排程、产品质量管理与分析等方面的应用，将真正体现出大数据的价值，成为工业企业发展的新动力。荣之联目前正在机械制造、石油化工等工业大数据领域进行积极的布局。

拥有并运营数据的能力至关重要

拥有数据后是自娱自乐，还是在生态体系中交换共享，以实现在更大范围运营和数据表现？方勇更同意后者。

数据本身产生不了价值，它的价值取决于应用场景，只有经过挖掘和分析后才能显示出价值。单一领域或属性的数据价值有限，跨领域或不同属性的数据交换和共享，能够产生更高的价值，通过人、物、信息的叠加和参与节点的多元来实现运营变现至关重要。提升数据的变现能力是数据价值体现的基础，没有变现能力，数据价值就是空谈。产业生态的规模和数据运营能力决定着数据的终极价值。

荣之联在生物计算和车联网领域较早进行了战略布局，打通了相应的数据获取、存储、处理、共享交换的价值链，运营变现能力逐渐得到提升。

“谁拥有合法和持续的数据源，谁就占据了大数据的风口，掌握了运营变现的方法就掌握了未来发展的‘金钥匙’。”方勇如是说。

前景虽好　任重道远

方勇指出，大数据产业刚刚起步，产业标准不清晰、数据共享交换机制缺乏、数据隐私保护面临挑战、法律法规不完善等问题仍很突出。

除此之外，人才匮乏也是个突出问题。“这个领域需要复合型的专业人才，他们不仅是技术专家，还是业务专家；他们对专业领域要有深入的了解和敏锐的洞察，不仅能解决现在的问题，还知道如何进行管理和业务的创新，甚至可以创造出新的商业模式。时下这样的人才少之又少。”方勇如是说。

方勇直言，大数据的发展前景虽好，瓶颈犹在，依然任重道远。传统IT企业的转型和发展，不仅依靠技术本身，更需要持续的业务创新和运营能力。荣之联在向物联网大数据方向转型的过程中，正在砥砺前行、厚积薄发。

我们有理由相信，2016年“互联网+”的概念将被赋予更广阔的新内涵，信息技术与传统产业的结合会更加紧密、以信息技术为基础的新兴业态更加密集涌现，引发互联网产业、信息技术产业乃至整体经济发展的加速创新与发展。

软通动力：数据驱动智慧城市创新发展

在一篇研究智慧城市的论文《创新2.0视野下的智慧城市》中有这样一段表述：“以移动互联、物联网、云计算为代表的新一代信息技术的应用推动了创新形态的嬗变，带动了企业、政府组织形态以及社会形态由生产范式向服务范式的转变，重塑了个体在全球化中的力量，也必将推动城市形态的进一步演变。”从这段表述中，我们可以看到，推动城市形态向智能化改变的力量源自科技的创新发展。当企业决定将不断在云计算、物联网、大数据、人工智能等领域不断开拓创新时，解决智慧城市建设中的交通拥堵、环境污染、食品安全等问题将指日可待。

近年来，我们看到似乎有一股暗流在推动着城市创新发展，这便是数据的力量。作为中国智慧城市建设的领导者，软通动力一直秉持“智慧城市、产业先行”的战略理念。在智慧城市建设的过程中，通过运用大数据的信息采集、价值获取、智慧存储等创新技术手段，透过以人为本的发展理念，软通动力为城市提供从顶层规划到建设运营的全方位服务，一直备受城市管理者的青睐。

目前，软通动力已经形成了大数据集成开发平台、大数据可视化平台、数据开放及API开放平台、大数据中心、智慧规划洞察平台、产业大数据洞察服务平台等大数据应用及洞察服务，全方位开拓大数据产业价值链，为城市发展和产业升级提供科技支撑。正如方发和所言："以人为本，数据驱动，生态协作，是软通动力为城市和产业发展提供服务的三大法宝。因此，软通动力要做的不仅仅是行业的领导者，更是端到端、全方位的大数据资源整合者。"那这种资源整合又该从何处寻找抓手呢？

用互联网思维推动"城市云"发展

智慧城市的发展经历了信息化基础设施建设和生产要素集聚的初级阶段后，迅速进入了生产要素整合和垂直系统建设的2.0阶段，纵观其发展历程，目前我们所处的则是需要依靠数据资源整合来实现智能化的城市管理诉求阶段。

从现状看，智慧城市建设过程中暴露出了很多层面的问题，比如城市数据出现"孤岛现象"、数据利用率低、数据资产转化率低、数据交易流通受限、数据安全存在漏洞、无统一权威平台、信息化项目运营经验不足等。为了解决这些问题，软通动力在其创始人、董事长兼CEO刘天文的带领下，推出"城市云"平台，并将其打造成为城市服务的统一入口，不仅通过大数据中心把城市各个垂直领域的大数据融合在一起，而且还在此基础上形成各种城市大数据洞察应用，并衍生出API经营方式，通过开放端口，聚合多种服务资源，让政府、企业、市民共享智慧城市建设成果。

这种被称之为"城市云"的平台，通过整合城市数据资源，提供本地化的创新洞察应用服务，提升智慧城市的本地化持续运营能力，给城市用户更好的服务体验。正如刘天云所言，这样的平台应该基于大数据的城市洞察服务，以人为本，以创新为驱动，打造面向政府、产业、民生一站式服务。

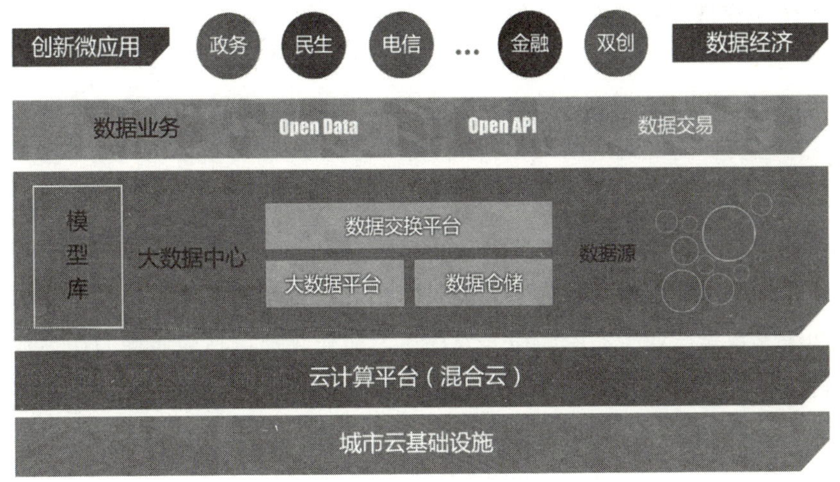

城市大数据的开放架构设计

在“城市云”的推动过程中，互联网思维为其注入了新活力。过去，以项目驱动型为主的顶层设计体现了一些较为明显的优势，比如基础设施建设得较为完善，而随着应用经济的兴起，其弊端也逐渐浮出水面，比如“数据孤岛”的形成便是其一。

刘天文指出，在互联网时代，体验驱动、场景驱动和数据驱动是主流，因而软通动力的最新做法是，采取互联网模式，让各个城市先把“城市云”用起来，以便能对政务洞察、产业洞察和民生洞察上有直观的了解。同时也通过一些大数据模拟技术，让管理者对智慧城市中的交通、舆情、环保、医疗等多个领域的发展情况提前预判和感受。

这种做法，使得软通动力可以更加便捷地通过大数据及洞察服务为城市管理者提供城市洞察服务、产业洞察服务和企业洞察服务，并通过万物互联的物联网数据，更加深入的进行分析并提供服务，为管理者的决策提供快捷、有效的支撑。

在这种行之有效的实践过程中，API经济理念成为了一抹亮色。“作为一个数据交换或者共享的渠道，把这个数据打通之后，通过API的方式把数据共享出来。这些数据不能为我所有，但能为我所用。”方发和指出，通过建立各种数据开放API，让开发者能够利用数据进行应用开发，遵循互联网思维所倡导的“用户至上”原则，以用户体验为中心，让政府管理者提供的服务理念更加掷地有声。在另一个侧面上看来，通过API开放平台提升数据价值、整合行业资源，也成为软通动力“生态协作”理念的生动展现。

以城市为载体产业是抓手

据统计数据显示，截至2015年年底，我国电子信息产业总规模超过15.5万亿元，市场潜力巨大。如此广阔的市场也必将吸引更多的资源投入，大数据产业也将呈现多样化竞争态势。随之涌现的大数据产业链上的新兴高科技公司，无不摩拳擦掌，力争上游。

以城市为载体，是软通动力在竞合关系中不变的理念。如何在风云变幻中坚守住本心，并立于不败之地？软通动力的做法是，在现有生态体系建设基础上，也将进一步加快大数据产业生态圈建设，发挥生态协作优势，将软通动力在大数据领域的优势转化为大数据生态圈的优势，与合作伙伴一起共享大数据产业红利。

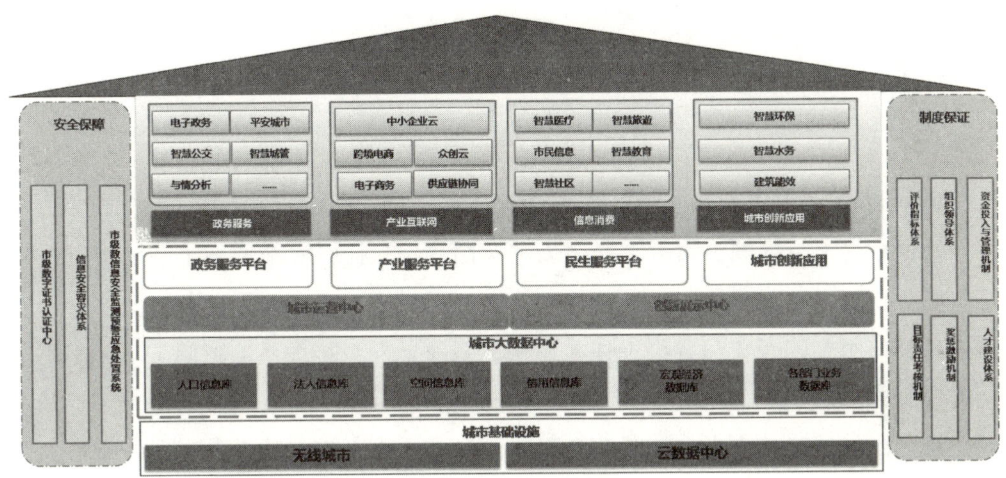

软通动力智慧城市整体架构

“经济发展和城镇化或者智慧城市有密不可分的关系。城镇化率每提升一个百分点，就有可能拉动GDP两个百分点。诺贝尔奖得主约瑟夫·斯蒂格利茨先生（Joseph Stiglitz）谈到，21世纪的经济具有两大引擎，一个是中国的新型城镇化，二是美国的高科技。中国过去近30年奇迹般的GDP双位数发展，靠的是资源驱动、资本驱动。今天我们要靠创新的驱动，中国也要再找到一个新的经济增长点。”方发和的观点非常具有典型性，他谈到，当他在很多国内外的论坛峰会上谈及中国智慧城市的发展路径时，往往会引起很多人的关注，因为中国的地域之广、城镇之密集，形成了一个具有实践优势的应用环境。

“在大数据应用上，中国还是一个没有被完全了解的大型金矿，尤其是在产业互联网方面。”方发和如是说。在软通动力发展智慧城市的过程中，一再强调“产业先行”。对此，方发和解释道：“在我们的经济转型过程中，从以第一产业、第二产业为主，走到以第三产业（服务业）为主。过去30年的经济发展是靠投资和基础建设拉动，现在是靠内需和消费水平来拉动。我们到每一个城市建设智慧城市，一定要找到城市特有的产业，包括新能源、新材料、新一代的信息产业、生物药业等。能找到这些国家大力扶植的产业很重要，更重要的是要因地制宜，结合地方特色，利用云计算、大数据、移动互联网、物联网、3D打印、人工智能、深度学习等数字技术作为工具，帮助这些传统产业转型升级，使它们更具有竞争力，更具可持续发展的潜能。这样，当地的经济才会活跃起来。也就是说，产业发展了，经济水平自然就提高了，就能保持良性的经济循环。所以产业先行是抓手，否则经济是无法盘活的。”

精准扶贫：让“产业先行”率先突破

2016年，大数据助力精准扶贫成为了热门话题。通过大数据为每个贫困对象制订可量化、看得见、便于落实的具体扶贫措施，而且还能明确各级政府的扶贫责任体系，让每个贫困对象和各级责任人在扶贫系统上的对接关系清晰明了，使得“扶持谁”、“谁来扶”和“怎么扶”这三个关键节点找到了突破口。

在广西的扶贫工作中，软通动力和广西计算中心合作，基于大数据的能力，以达到精准甄别贫困人口、提高扶贫工作效率的目的。这种方式使得软通动力获得了很多政府部门的认可，并建立了良好的民众口碑。这也充分说明，以人为本的发展理念，并非是一句空话。

在过去15年的积累上，软通动力通过搭建扶贫相关的大数据平台，除了帮助政府部门确定精准的贫困情况、确定扶贫主体及匹配相应资源外，还通过相对完整和齐全的各类互联网+产业的解决方案，在智慧农业、智慧文旅、智慧物流、智慧金融、跨境电商、中小企业云、创新创业空间等方面根据不同的需求发力。这种较为完善的商业生态体系，为扶贫工作提供了有力的支持。

在贫困区域改造传统产业的同时，随着发展新兴产业扶贫指导意见的出台，再次印证了软通动力“产业先行”理念的前瞻性。在精准扶贫上，软通动力已经携手湖北荆门等地重点推进大数据精准扶贫，明确扶助对象及人群特征、区域分布、致贫原因及地方扶贫政策，并结合当地产业发展，构筑互联网+优势产业。

长期以来，软通动力通过大数据洞察，发挥“以人为本，数据驱动，生态协作”的理念优势，积极布局城市云，覆盖民生、政务、产业发展的各个领域，向着“善政、兴企、惠民”的伟大目标不断奋进。通过先后在全国100余个城市展开“智慧城市”战略布局，软通动力在城市顶层设计、城市管理、环保节能、民生服务等多个领域都取得了行业瞩目的建设成果，这些成果也将伴随着中国城镇化进程载入历史的光辉史册。

CHAPTER 10
第10章

数据堂："数据银行"开启大数据破冰之旅

"把小麦加工成面粉。"数据堂联合创始人、CEO齐红威用这样一个比喻来形容数据堂的商业模式。

寻找数据资源，通过技术处理将获取的数据整合成产品，然后卖产品。齐红威将这样一种商业模式命名为"数据银行"。"数据银行"的终极目标是将数据资产化。

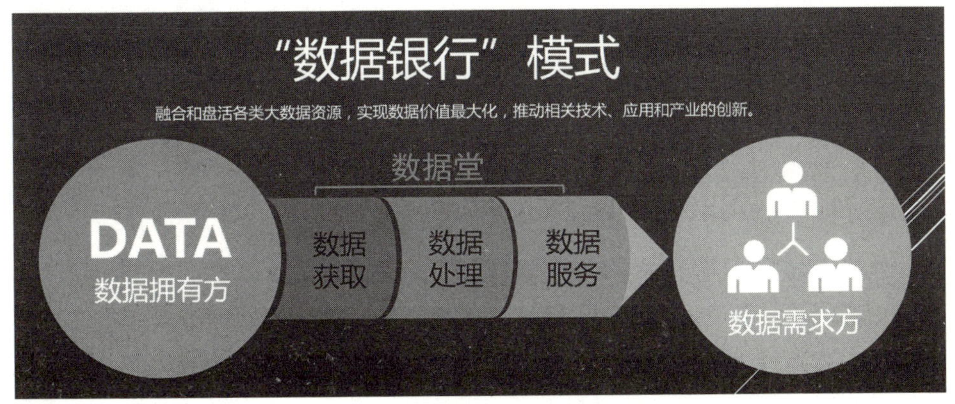

数据堂商业模式

事实上，数据堂从2011年创立至今，在实现数据资产变现或增值的道路上，已经成为中国本土大数据产业生态圈中的标杆型企业。数据堂披露的2015年年报中显示，公司实现营业收入6815万元，同比增长271%。

短短5年时间，数据堂不仅成为了资本界的宠儿，完成了高达2.4亿元的B轮融资，而且成为了新三板第一家大数据企业。

从小麦到面粉

数据的价值如同石油般引人瞩目。数据堂现任CEO齐红威、COO柴银辉、联合创始人肖永红等，在与金融、电信、汽车等行业客户接触的过程中，曾不约而同地发现客户对于数据的需求在极大地增加。

“在帮助客户做解决方案的时候，发现找不来数据，尽管客户自己可以提供一些有限的数据，但大量数据还必须从第三方拿取，要么根本找不着，或者需要付出高昂的代价。比如一些汽车厂商需要做舆情分析，却没有数据做支撑。”齐红威和他的创始团队在2011年之前都曾从事数据研究的相关工作，对于市场上产生的此类同质化的困境，出于对数据的敏锐嗅觉，他们迅速意识到，这种供需不对等的现象，给他们的创业之路带来了发展的契机。

在数据堂寻找到“数据银行”这种商业模式之前，他们也曾经做过数据交易方面的尝试，但最终却无法实现。齐红威说：“首先，很多数据涉及国家安全和个人隐私，无法直接交易。其次，数据拥有方和数据需求方之间诉求不对等，如同小麦和面粉的关系，提供方提供的是小麦，而需求方需要的是面粉。最后，很多单一数据价值并不高。数据需求方发现，很多时候，他们需要的不是一种数据而是多种数据，需要综合的数据产品，比如银行做征信，需要的是对这个人的综合的信用判断，因此，不是简单的数据对接。”

早期实践证明，以拿数据和卖数据构成的数据交易两段论是无法直接实现的。齐红威谈道：“很多时候需要不同的数据进行深度整合，这时候整个简单交易平台是做不到的，你需要有一个深度服务平台，把这些数据整合到一起。就如同面粉的价值远超于小麦，将数据进行加工之后，数据安全性、敏感性、数据资产、定价、流通等问题几乎都可以解决，只要大家不要过分关注原始数据本身，好多问题就已经不是问题。”

最终，数据堂确立了"数据银行"的商业模式。"银行的方式是，拿存款，将存款形成各种各样的金融产品。我们的方式是拿数据，把数据整合成不同的数据产品。"齐红威认为，大数据的产业链中，涉及的环节数不胜数，专注于数据源领域，从获取数据到数据处理，再到形成产品，完全可以实现数据资产变现或增值，至于其他的领域，该舍弃的就果断舍弃掉。

时间效益抢占先发优势

对于"数据银行"而言，数据获取是一个关键的环节。齐红威透露，数据堂目前融到的大量资金基本都花在了数据获取层面，接下来，他们也将继续在数据获取上投入大量资金。

在数据堂成立的2011年前后，大数据在中国市场还处于概念的炒作期，对于"大数据"概念的理解，各行各业都还处于观摩阶段，更遑论数据开放与共享。

当数据的价值逐渐被认知，大数据应用开始全面开花，这时已经到了2015年。数据堂的先发优势，经过时间的积累逐渐成为了其强有力的差异化市场竞争力。那么，数据堂又是如何艰难地获取数据的呢？

齐红威将现实世界中的数据划分为四类：其一，纯线下数据，这类基础数据在过去绝大部分都是通过人工采集形成，比如，出租车司机的行驶路径，为电子地图提供基础数据；超市的购物小票也是数据获取的另一种途径。其二，行业大数据，主要分布在传统企业的主营业务中，涵盖了全国上千万家企业通过业务形成的数据积累。其三，互联网数据，广泛而凌乱。其四，政府数据，要依赖于政府层面对数据开放与共享进程的推进。

对于以上这四大类型数据的获取，数据堂也不断摸索获取途径。齐红威谈道："数据堂采用众包方式，通过50多万兼职人员利用业余时间帮助采集数据。在我们的众包平台上，有几十万实名的用户帮我们采集各种各样的数据，他们被称作众客。这些数据在我的交易平台上流动起来，成为我们的数据来源之一。"

行业大数据则主要通过与行业合作伙伴共同开发获取，至于政府数据，齐红威说："我们现在和政府合作或者和数据敏感相关部门合作，我们并没有把数据迁移出来，这是底线，这时候我们要和合作伙伴商量去解决一个使用权的问题。使用权可以在数据堂这一端使用，也可以在合作伙伴端使用，大家不会担心数据迁移出来之后会发生好多不可控的问题。”

五年来，数据堂积累下来的源数据量保持了绝对的领先优势，齐红威透露，目前，数据堂拥有的经过处理过的数据量高达2PB。齐红威说："数据堂有很强的先发优势，在很多人还没明白大数据是什么的时候，数据堂就已经开始干了，大数据是有规模效应的，五年前就开始做了。”

技术积累是看家本领

在数据堂成立之前，齐红威在NEC中国研究院带领团队做数据挖掘工作，肖永红则在中科院文献情报中心搞科研数据分析，而目前数据堂的大量技术人员很多都是来自NEC的研发团队。

齐红威强调，数据堂目前的团队实际上仍然是一个技术团队，拥有十几年的技术功底。“中国的大数据产业无论数据服务还是数据应用，还远没达到行业应该达到的高度。大数据最终需要的是数据或者是技术深度整合，真正的分析还没到来。国内大数据产业犹如万米马拉松，现在最多跑了1500米。”

对于目前大数据产业的格局划分，齐红威比较赞同的划分方式是，四大类型——大数据基础设施、数据源企业、数据技术企业和数据应用企业。数据堂属于第二个和第三个类型，这类企业专门提供某个垂直领域的数据源，把数据当作一种可交易的产品，形成数据市场，也可以说是数据的电商平台，但是比电商更复杂。

目前，数据堂旗下三大核心产品也逐渐在市场上站稳了脚跟。Datamall数据商城，以电商的形式实现大数据资源的在线共享与交易，极大地增强了数据变现的空间，提高数据价值的流通；数据云服务，深度整合各类数据资源，全面挖掘数据价值，为客户产品和服务提供数据增值在线支撑平台；数据定制–众客堂，是国内首款数据采集、数据标注、数据爬取的众包平台。

通过获取线下大数据、行业大数据以及政府大数据，数据堂整合了涵盖科技、信用、交通、医疗、卫生、通信、天气、地理、质监、环境、商户、电力等数十大领域的大规模数据，并以此为基础，为客户提供专业数据采集、处理、共享及数据云服务。

“我现在关注征信、交通、医疗、营销、人工智能等领域。”齐红威说。

齐红威介绍道："以金融征信数据运营服务为例，数据征信的核心是从数据广度上将权重加在借款人日常生活的交易数据及社交数据上，比如借款人一般都在哪里消费、月均消费金额是多少、消费支出中的分布情况如何、微博微信之类的社交圈活跃度如何等诸如此类的问题。这类数据具有很好的连贯性，可以从中分析很多的用户特性，习惯并反向推断借款人的实际财务状况，进行风险筛选；也能大幅增加借款人的违约成本，从而警示借款人遵守规则、按期还款。最重要的是，这些数据造假可能性非常低，因为都是大数据环境下的各类碎片信息收集和分析，真实性甚至可以做到百分之百。经过多年积累，数据堂聚集了包括身份数据、涉诉数据、消费数据、出行数据、企业基本信息数据、投资数据等在内的征信大数据集，建立了大数据征信查询平台，针对个人信用和企业信用客户，金融机构可以借此平台快速查询借款人或企业信用评估信息，降低信贷风险，提高审核效率，降低人工核查成本。"

作为一家数据资源服务企业，齐红威认为，数据堂的底线很明确。"我们不做应用，不做侵犯国家安全和个人隐私的事，客户必须获得最终用户的授权。"

2011年成立，2013年开始赢利，2014年挂牌新三板，"数据银行"的可行性不断得到验证。齐红威说，数据堂的目标是做到千亿元的企业估值。从目前数据堂吸纳资本的能力看，数据堂已经打通了实现路径。

百分点：智能重构数据世界

在大数据发端之际，百分点集团抢占先发优势，并迅速成为中国本土大数据企业的佼佼者。七年时间内，百分点集团从一家主要为电商企业提供个性化推荐引擎的大数据分析技术提供商，发展成为一家从大数据底层技术产品到大数据应用级产品的大数据全产业链布局的综合解决方案提供商。

纵观中国大数据产业的发展现状，大数据产业生态链正在不断建构并趋于完善。大数据的概念已经深入人心，数据正在成为认识真实世界的有效方法。

从电商到全行业

2009年，苏萌创办百分点集团，此时的大数据并没有引起广泛关注，在业界也没有得到认同。百分点起步后，陆续与活力达、果皮网等一些中小电商网站达成合作，并逐渐在电商行业获得了一些知名度。在成功获取1号店管理团队的信赖之后，百分点的个性化搜索引擎在电商领域奠定了领导者地位。

在如今的市场认知中，百分点集团与电商似乎是密不可分的关系体。然而，这种认知却略显狭窄。

2013年，苏萌做出了大胆的决定——让百分点转型，向传统行业提供全套大数据解决方案。苏萌为传统公司的数据转型提出了一个“百思可”（BASIC）模型。他提出，一个传统公司想要成功转型，必须具备五大要素：相信数据的价值（Belief）、面向数据的组织架构（Architecture）、擅长处理数据的专业团队（Staff）、完善的底层基础设施（Infrastructure）以及处理数据的机构能力（Capability）。

聚焦五大核心要素，百分点集团成功为传统企业提供大数据技术平台搭建和大数据驱动的SaaS应用。在电商之外，百分点集团为华为、TCL、长虹、中国建设银行、王府井百货、长安汽车、万科和中国电信等知名企业提供大数据解决方案。

2015年9月，百分点集团宣布完成由光大证券领投的4亿元D轮融资。同期，百分点集团发布全球首款企业级大数据操作系统（BD-OS）。BD-OS具备了大数据操作系统必需的五大要素，即存储管理、资源管理、任务调度管理、人机交互界面、数据生命周期管理，实现了将繁复的大数据底层技术与便捷的大数据操作进行一站式对接。

BD-OS的诞生在中国大数据产业生态中具有里程碑式的意义，以自主研发为基石，BD-OS填补了从繁复的底层技术到便捷的大数据操作之间的空白。

2015年12月，百分点集团发布了旗下的用户标签管理系统，这是一款生产用户标签，并管理标签生命周期的大数据工具，能够帮助企业精准预测和构建用户特征，搭建以用户为中心的大数据运营体系。自此，在百分点集团的推动下，大数据“用户画像”逐渐成为企业营销决策的重要参考依据。

截至目前，百分点集团已经打通了从技术层的大数据操作系统到管理层的用户画像标签工场，再到应用层的推荐引擎、分析引擎和营销引擎等覆盖大数据全产业链的实现路径。

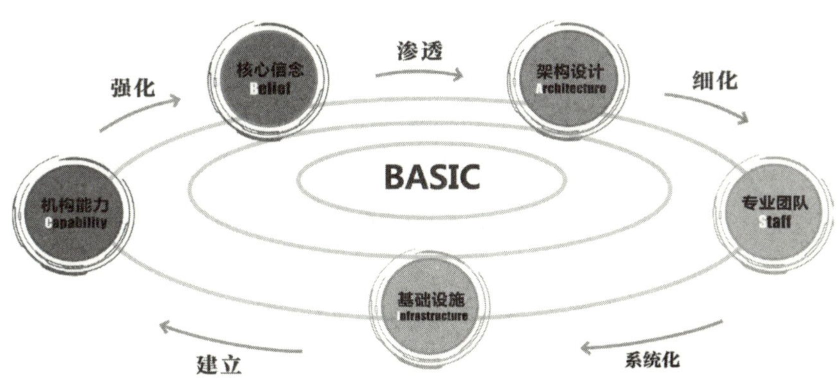

百分点构筑数据决策力

“双引擎”打造数据基因

在苏萌看来，百分点集团做的每一件事都是在帮助企业搭建数据基因，无论是传统企业还是互联网企业。企业应该如何打造数据基因才能真正地融入数据世界，为自己的经营管理效能的提升带来实质性的改变呢？

对此，百分点集团董事长兼CEO苏萌的回答是：“企业必须具备由数据化（Datafy）、发现洞见（Discover）以及设计重构（Design）这DDD三要素打造的数据基因，进而让数据与技术实现流动和共享，成为推动企业不断循环进化的资源。数据作为一种生产资料，不但需要流通，并且还需要被交叉复用，以此来发挥更多精准的价值。但这种价值，在传统的商业模式里难以做到，其核心原因是数据通常是以孤岛的形式来存在的。”

通过DDD三要素打造的数据基因，旨在实现数据的流通和交付。为此，百分点集团搭建了一套“双引擎”模式来实现，这套“双引擎”模式包括基础引擎和智能引擎，从而驱动智慧商业的落地。

基础引擎，涉及大数据产业链上的全生命周期，其核心成果即为BD-OS。百分点集团的创新之处在于，BD-OS从理论上明确了大数据操作系统的概念和特征，作为首款拉通业务、数据、模型和技术的平台级产品，BD-OS同时具备了全可视化操作的特性。

智能引擎，以深度学习、感知技术和知识图谱为核心，人工智能和商业智能融合为基础，可为各行各业构建大数据智慧商业，并实现与数字世界的加速融入。在智能引擎中，深度学习是一种神经网络，运用到文本、自然语音识别等应用里后，可以极大降低错误率。

百分点集团技术副总裁刘译璟对于深度学习的应用前景有自己独特的认识。他认为：“有了深度学习之后，通过感知技术对文本类型的视觉感知，并与现实进行更多交互，就能构建知识图谱。有了知识图谱之后，就可以在知识图谱上做很多推理，或者说，做很多搜索的工作。今天，很多搜索引擎会被推荐引擎所替代，未来，可能会被知识图谱这样的智能分析所替代。”

据刘译璟介绍，百分点集团将卷积神经网络CNN（Convolutional Neural Network）与栈式自编码器等深度学习算法运用到了自然语言处理与语义分析、数字图像处理与识别、实体抽取与联想、关联挖掘与关系推理、知识图谱构建等方面，并对客户提供相关的API，以及基于知识图谱的数据应用。

百分点集团已经在27%的项目中应用了深度学习。此外，深度学习在生产应用中还会继续增加，刘译璟预估，到2020年将有62%的项目会采用深度学习。

智能重构数据世界

如今，百分点集团已经逐渐积累了超过37PB的数据量、超过5.5亿的用户量，以及每天超过6TB的数据增量和每天超过5000万的活跃用户。

挖掘数据并对数据进行价值再造，这是百分点集团商业模式的成功之处。

回顾百分点集团起步阶段，刘译璟谈道："之所以在2009年开始做推荐引擎，就是看到，随着信息化的发展，每个人都将深度参与到信息社会中。面对近似于无穷的信息，如何将信息和人进行有效的匹配将是全社会的刚需和难题，如果解决不好这个难题，我们将深陷在信息的暗海中，社会运作的效率也将极其低下。"

七年时间证实，2009年的探索方向是正确的。"各大网站和企业纷纷将推荐系统作为标配，这也是旁证。可以看出，个性化技术以及基于个性化的服务将会迎来更大的发展。"刘译璟补充道。

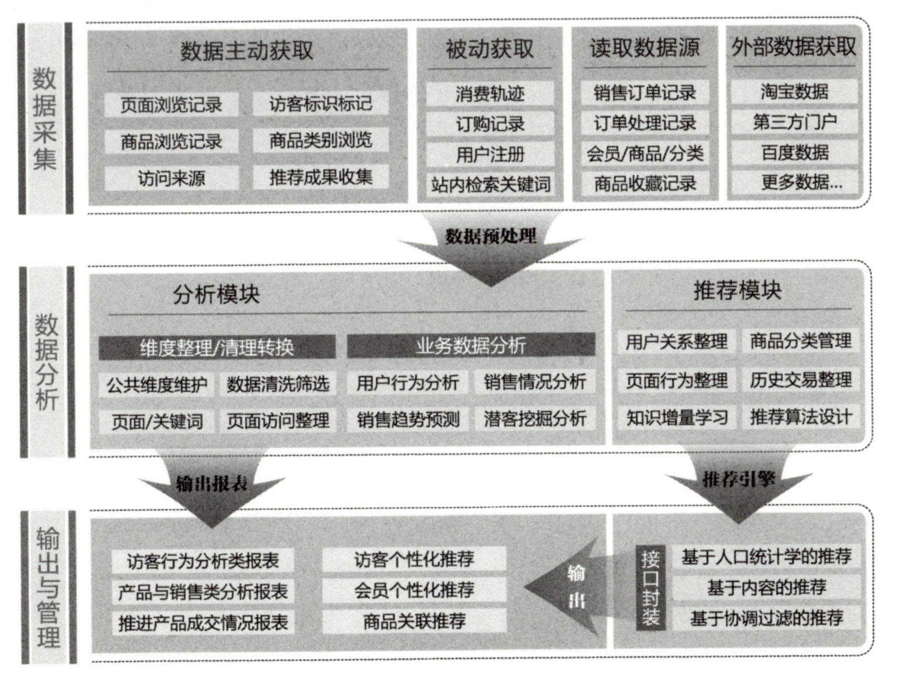

百分点大数据平台业务逻辑

相对于推荐引擎，刘译璟更愿意用“个性化技术”来描述。“个性化技术本质上是让机器理解人的方方面面。我认为，我们现在做的还非常初级。随着互联网和移动互联网、物联网、可见光通信、可穿戴设备、VR等技术的发展，人会越来越容易被‘感知’和‘数据化’。随着脑科学、人工智能甚至量子计算机等技术的发展，机器会越来越强大。届时，真有可能让人感叹‘机器更加懂我’。”刘译璟所憧憬的明天，其实并不遥远。

七年来，百分点集团坚持自主创新，并沉淀了丰富和坚实的企业级大数据应用实践案例，软件著作、专利和技术创新超过了百项。在百分点集团现有650名员工中，包括两位国家“千人计划”入选者、30多位博士和来自国内外一流大学和技术公司的300多人的研发团队。

2016年5月，Gartner将百分点作为唯一的一家大数据公司入选“2016 China Cool Vendor”，并给出评价——利用自身的超过5.5亿的用户全网画像，以及超过1亿的商品全网画像，帮助客户利用先进的算法技术、不同数据来源，开发出创新的业务成果、有效地管理数据资产，并实现数据价值。

正如刘译璟所言，大数据最核心的观点是要利用数据化的理念和技术对现实世界建模，构建一个数据世界，基于这个数据世界再去构建相应的业务系统，从而实现智能化的应用。

智能重构数据世界，百分点集团正不断向前迈进。

普元信息：数据治理开启大数据“淘金”之旅

大数据将打开各行各业的数据“潘多拉魔盒”。无论你是否认同，海量数据正扑面而来，蔚为壮观的数字来自电信运营商、金融、医疗、教育等，乃至政府部门，这些主体或主动探寻，或被动接受。

信息资产公司LLC的创始人和执行合伙人桑尼尔·索雷斯在他的畅销书《大数据治理》中谈及自己的切身体会：“作为一家大公司的资深IT专家，我本人在面对数据窘境时，感觉不知所措。对数据领域的从业人员来说，面临的问题多过答案。我所在的组织是南非的主导电信运营商，我们拥有海量的电话详单、位置数据和社交媒体生成的数据。要明智地使用数据，就必须管理所有数据。”

“在企业数字化转型过程中，数据治理应该是企业数字化转型的一个先决条件。要让数据有意义，首先必须有高质量的数据。”普元信息技术股份有限公司（以下简称普元信息）大数据产品线总经理王轩分享了他对于大数据治理的认知。

很多企业在做数据治理的时候，往往只集中在数据应用环节，范围过窄，而普元信息在大数据治理中侧重于对大数据实施全过程、全方位的管理，这种宏观导向具有一定的先发优势。实际上，大数据环境下的数据治理不再只是元数据、大数据标准与大数据质量的事情，企业应该以元数据为基础，配合大数据标准、大数据交换集成、主数据管理、大数据质量、大数据资产化、大数据共享等共同完成整个企业层面的大数据治理。层层保障之下，使得堪比黄金般贵重的高质量数据能发挥其独特价值。

元数据管理是重点

元数据管理是大数据治理中的亮点。无论是企业的业务部门还是IT部门，很少能完整地拿出一套企业各项数据的业务含义、口径、技术标准、分布情况等的说明，而使用元数据管理可以自动化地获取整个企业的数据业务含义，帮助理解数据，增加分析的敏捷性。与此同时，使用元数据产品能够方便内部管理、审计或外部监管的需求追溯业务指标、报表的数据来源和加工过程，追溯数据的来源。元数据管理还可以针对企业内部、外部的数据需求，快速建立业务与技术之间的衔接，为企业管理提供重要的保障。

书同文，车同轨，数据标准须先行

以SOA（服务导向架构）系列产品见长的普元信息，在2010年开始涉足大数据领域，作为SOA国际标准SCA/SDO的主要参与制订者，对于数据质量的关切伴随着企业业务的不断延展而上升到企业战略层面。“在数字化转型过程中，很多传统行业希望把出售数据作为其利润增长点。但是如果想把数据作为商品出售，那么至少需要这个数据是有质量保障的。但目前情况下，这些数据存在非常多的问题。虽然很多企业经过了这么多年的IT建设，但数据模型并不统一，没有统一的数据标准，也没有数据质量的检测体系。没有统一的标准，就没有质量控制的能力，高质量的数据就无从谈起。”在王轩看来，获取高质量的数据的当务之急是要建立完善的数据标准体系，只有数据标准逐步完善，才有可能进行准确的大数据治理，对大数据实施全过程、全方位的管理。

2013年，普元信息加入OASIS国际标准组织KVDB TC（键值数据库应用接口技术委员会），积极参与大数据国际标准制订工作。

2014年12月，全国信息技术标准化技术委员会（简称全国新标委）大数据标准工作组宣告成立，由于大数据领域涉及领域非常广泛，工作组设立相关的专题组，包括整体组、国际组、基层组、产品和平台、安全工业大数据、电子商务等方面。作为全国信标委SOA分技术委员会SOA与Web服务工作组副组长单位，普元信息也正在不断推动数据标准化的完善。

在王轩看来，数据标准应该是通过各种手段、方法、渠道而建立，并且根据企业状况不断完善的过程。在此过程中，企业应以元数据管理为基础，推动数据标准在各应用系统中的执行，逐步形成常态化的、闭环的标准体系应用机制，从整体上提升企业的数据质量和数据管理水平，为实现企业数据流的畅通和全系统信息资源的共享奠定基础。

解决数据质量问题是大数据应用的关键

纵观当今的大数据技术、平台和解决方案，海外厂商仍占据了绝对主流地位，但这并不妨碍中国将在大数据时代异军突起。从大数据的体量看，中国在大数据领域的发展潜力有目共睹。

宽带资本董事长田溯宁在桑尼尔的《大数据治理》一书的序言中曾说：“若要到达风光无限的大数据彼岸，大数据治理一定是必修课之一。”

毋庸置疑，大数据治理是传统信息治理的延续和扩展，它体现了信息治理准则的一脉相承。大数据治理的本质是什么？王轩认为，是提高数据质量。

更好的数据意味着更好的决策，而解决数据质量问题是大数据应用的关键。王轩用实战经验不断验证这种观点：“在我们接触的众多银行案例中，经常会遇到一种情况，做完一个数据仓库，客户重名信息往往达到上万个，一个人1000多个账户，这都是数据质量的问题。为什么会出现这种数据问题呢？数据治理是一个复杂的过程，这其中有很多环节，从前期的数据标准、数据集成到数据治理等，任何一个环节出错都有可能导致数据质量问题，其中数据治理是清洗数据和规避数据风险的重要环节。”王轩认为，如何在交易错误时即时阻断数据错误是保障数据质量的重要手段，而此项技术手段，普元信息现如今已全然掌握。

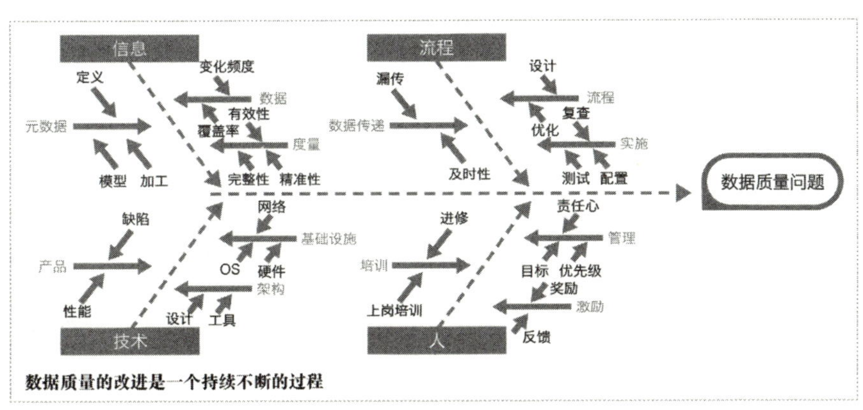

普元数据质量问题管理方法

普元的大数据治理实践

十多年来，普元信息在金融、电信、电力、能源等行业积累了丰富的数据管理经验。在王轩看来，普元数据治理呈现出三大特色：

首先，普元信息的数据治理解决方案可以覆盖全行业。普元能帮助各行各业的客户，把他们的数据质量提升。同时，能完成他们数据现阶段最复杂、最重要的任务。

其次，普元解决方案是全体系的。通过平台、服务、规划等各个方面的完整规划，能够帮助企业把数据治理落地。普元并非单独做一个产品，而是在数据的整个生命周期，每一个阶段都能够帮助企业控制它的数据质量，达到企业的数据治理需求，实现数据价值。

最后，普元信息的全部平台都是自主研发。通过基于业务目标的量化研发管理体系，产品家族扩展到四大系列十余个品类，其专注于软件基础平台领域，具有分布式计算、服务构件技术、可视化技术、业务流程管理、内存计算、企业移动计算、数据治理等核心技术。

普元元数据管理在2014年年底被定位为联通大数据平台的数据管理解决方案，帮助客户的维护人员能够快速理解大数据系统内的数据组织以及数据间的影响和依赖，减少修改、维护、升级的时间，以减少大数据带来的管理维护成本。

由于华为负责上海联通大数据平台的建设，借此机会华为与普元信息达成了战略性目标。依托普元元数据产品的优势，抓取大数据平台内部的元数据，为大数据平台的运营维护提供全局的、完整的元数据管理。该方案为大数据平台异构的元数据提供智能整合和储存能力，为大数据平台设计的不同源的元数据在同一元模型的规范体系下实现整合存储，整合主要包括元数据对象整合组件和元数据关系整合组件，以及元模型设计器、元数据抓取配置组件等。此后，普元信息的元数据管理能力在业内得到了广泛的认可。

在金融行业，普元信息先后帮助国家开发银行、华夏银行、中国银联、兴业银行、北京银行等完成了大数据治理项目建设，其中国家开发银行在 2009年8月开始建设数据管理项目，通过普元元数据管理产品支持源系统、ODS、数据仓库及下游部分应用对元数据的应用需求。增加采集适配器，定时自动地采集元数据，保证元数据的及时更新；同时保证真实数据关系的建立，推进全行数据地图的建设，深化元数据管理系统的核心功能，强化元数据管理系统对外的接口服务，辅助数据标准的落地实施。

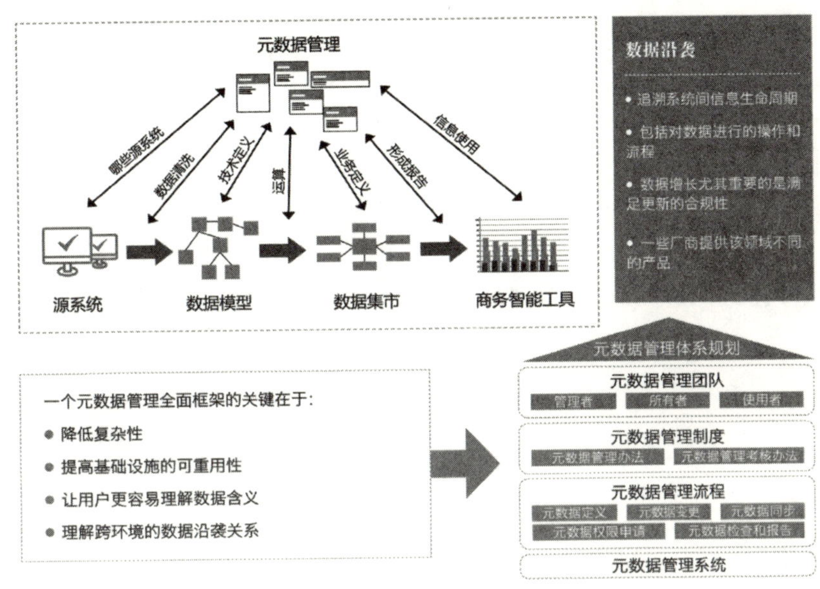

普元数据质量问题管理方法

在电力行业，普元信息帮助江西省电力公司建立了全公司的企业级数据标准，数据标准促进业务部门之间数据共享，界定业务数据范围，起到了重要作用，并将企业级的全面元数据管理纳入了全公司的元数据信息，全面共享元数据，梳理了系统之间的元数据接口，使得系统之间的来龙去脉一目了然。

在电信行业，普元信息帮助上海移动做了包括服务治理、能力开放、大数据治理、大数据共享在内的一系列项目，陪伴上海移动完成了数字化转型的整个历程。

在能源行业，普元信息先后帮助国家电网、新奥能源等完成了数据治理相关建设，为其提升管理效率和拓展业务边界提供了前所未有的可能性，通过大数据治理流程，明晰大数据血脉，提升大数据质量，实现了能源行业对大数据的全面管控，为上层应用提供安全可用的数据基础，确保了大数据平台分析与预测的准确性。

作为一种具有战略意义的新资源，将大数据比作石油或黄金，如今世人并不觉得有夸大其词之嫌。大数据的自生性和可持续性，却又是石油或黄金所望尘莫及的。大数据治理也必将成为一项系统工程，以孜孜以求的进取心去挖掘高质量数据背后的价值，普元信息在做，未来，也将会有更多的企业参与其中，而大数据变现之畅想也将不再遥不可及。

神州泰岳：文本技术承载商业模式转型

“2013年至今，大数据处于修跑道的阶段。”北京神州泰岳软件股份有限公司（以下简称神州泰岳）副总裁杨凯程认为，大数据产业在这一阶段的发展中还存在一些问题，如文本等非结构化分析挖掘领域还缺少有效的工具。而造成这一现状的症结在于，“技术的投入和创新力度不够，但是又缺乏现成的近道可走”。

当下，业界对于大数据概念性的讨论已越来越少，进入相对的静默期，部分企业开始沉下来思索大数据能做什么，亦逐渐意识到技术优势的重要性。“现在是大数据的场景创新的重要阶段。有幸的是，鼎富科技（神州泰岳旗下成员企业）起初就意识到了场景创新的重要性。在过去的2~3年积累了较多的场景和产品创新经验，已具备了很好的技术和产品优势，这是很多初创公司希望达到的。”杨凯程道出了鼎富科技能抢占众人觊觎的大数据高地的关键所在。

“2+2”战略：推进创新和转型

人工智能和大数据是神州泰岳“2+2”全新业务格局中的重要部分。杨凯程介绍道：“6月收购鼎富科技后，公司正式推进‘2+2’发展战略。第一个‘2’是指ICT运营管理和手机游戏，今年这两个业务整体较好，构成了当下的主要利润；第二个

‘2’就是指人工智能与大数据、物联网与通信技术应用，是泰岳未来着力打造的战略业务，希望通过努力，未来三年形成四轮驱动。”

未来，神州泰岳将把人工智能和大数据作为重要的转型方向之一。“神州泰岳并购鼎富科技的原因就在于公司对于大数据和人工智能领域未来发展前景的高度认可，而鼎富科技在非结构化文本大数据领域拥有自身的核心技术。所以我们希望将自身在大数据产业链的现有资源和成果与鼎富科技的技术优势相整合，扩大神州泰岳在整个产业链上的实力，在大数据和人工智能方向上有所作为。”杨凯程道出了并购的缘由。

为此，神州泰岳将以鼎富科技的技术为核心，对人工智能、大数据相关的业务进行整合。“在传统的ICT业务中如果我们导入人工智能，那么人工智能在运维管理等领域就会产生一些创新的机会和场景，比如运维知识库的提升、运维工单的自动分拣和帮助台的智能机器人等。”杨凯程分析了神州泰岳在人工智能和大数据方向与现有业务整合后的一个可能的发展途径。

在“2+2”战略之下，神州泰岳的整体实力会得以再加砝码：“神州泰岳已积累了大量的行业客户资源，尤其是在运营商领域，使得我们相对容易地在原有的运营商的运维管理业务和其他延伸业务中叠加人工智能和大数据技术，从而使得原有业务得以提升和创新。加之现在运营商对人工智能、大数据已有了较充分的认识和逐渐明确的需求，也使得神州泰岳有可能成为该领域主要的供应商之一。不仅如此，结合鼎富科技在文本技术上的领先性以及原有的金融行业等领域的先期优势，神州泰岳的整体实力将在整合中得以进一步加强。”杨凯程说道。

语义理解技术才是人工智能的关键

鼎富科技的核心技术是非结构化文本的分析挖掘，即语义理解技术，并围绕这个方向展开非结构化大数据的业务。在该领域，自然语言的语义理解是人工智能认知技术的核心。IBM、微软、BAT都在布局人工智能，而人工智能最离不开、也最具挑战性的环节就是自然语言的语义理解技术，因此这些公司都希望在语义理解技术上实现突破。

目前，深度学习的出现使得自然语言处理领域在传统的规则方法和统计方法之外，有了更为领先的技术手段。应该说深度学习的出现有效地促进了语音识别、图像识别等领域的快速发展，使其可用性达到了可以广泛应用的条件，但是在自然语言语义理解领域通过深度学习来达到与语音识别等类似的效果，目前看还是比较困难的，尤其是中文的语义理解。

众所周知，深度学习和统计方法都是需要语料学习的，高质量的数量庞大的语料就变得极为重要，这也是深度学习在自然语言语义理解方面面临的一个挑战。而在行业领域，积累和准备可供学习的语料的工作还是比较繁重的，而且需要时间进行积累，但是好的一个方面是行业领域是具有边界的，所以在某些行业领域中如果样本数据丰富或者易于积累的情况下，再或者在特定的功能范围内，深度学习还是会有较好效果的。

“目前，我们在自然语言的语义理解方面，处于一个相对领先的地位。鼎富科技自2011年成立以来就一直在研发基于概念计算、能够解决中文歧义性的和支持多语种的‘智慧语义认知技术’。该技术不同于深度学习和统计方法，不需要学习大量的语料，这是不同公司在底层的自然语言语义理解技术的差异。”杨凯程解释道。

“我们对非结构化文本大数据行业的另一贡献是研发了DINFO-OEC非结构化大数据的分析挖掘平台，它是完全面向业务建模的，让研发人员将注意力放在业务理解和业务表达上面，而将鼎富科技的智慧语义认知技术进行了封装，因此极大地缩短了行业应用场景创新的研发周期和提高了应用质量。”在杨凯程看来，DINFO-OEC平台还存在不断完善的要求，但它的出现推动了行业在文本处理技术的应用，促使大家开发应用时专注于业务的大数据创新，而不是成为语义技术和文本技术的困兽。

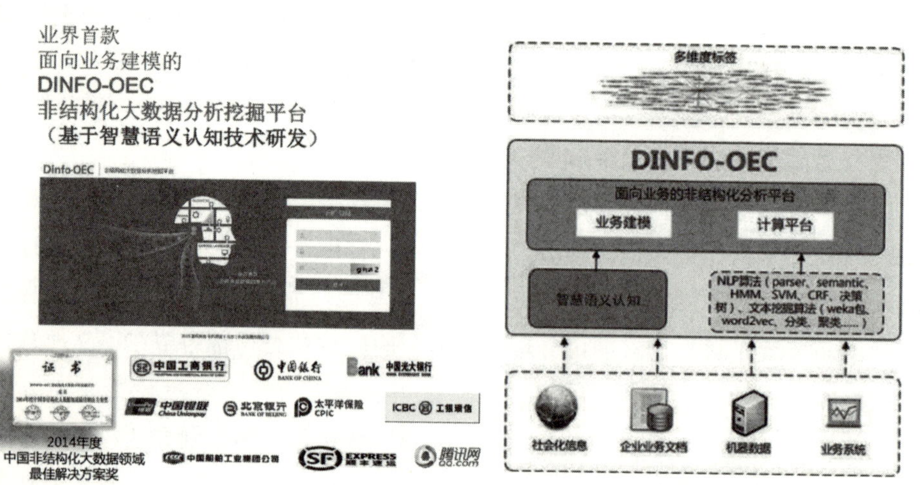

神州泰岳 DIFO-OEC 平台

“近几年，DINFO-OEC平台推出后在工行、中行、顺丰、军工、政府中都得到了很好的应用。2014年，中国工商银行呼叫中心的客服工单分析挖掘系统、顺丰的呼叫中心工单智能分检系统都上线了。其中智能分类的准确率达到95%以上，并支持多语种，这在国际上也是遥遥领先。”杨凯程介绍。

“大数据时代，不能纸上谈兵，而是要扎扎实实地结合行业进行场景的创新。”杨凯程认为，埋头苦干、真有创新远比空有噱头来得重要。

三大战略助推大数据优势

依托在自然语言的语义理解上的技术领先优势，神州泰岳大数据战略主要分为如下三个层面。

战略一：语义云

杨凯程认为，推出泰岳语义云是因为自然语言语义理解技术的投入是十分巨大的，需要的技术研发时间也是长期的，而大数据和人工智能的发展离不开自然语言语义技术的应用，而各行各业的大数据和人工智能创新除了技术创新的同时，也离不开业务场景的创新。只有整合行业背景资源和语义技术资源才可能做好这件事情，所以神州泰岳希望通过泰岳语义云的推出，将自然语言语义技术开发给市场，开发给合作伙伴和行业客户，大家一起共同推动行业大数据和人工智能应用的发展，当然也希望有更多志同道合的同仁一起，围绕泰岳语义云建设一个领先的自然语言语义处理的生态圈。

众所周知，大数据尤其是非结构化大数据的分析挖掘，需要的投入和技术准入门槛很高，神州泰岳不可能覆盖各行业的业务或创新。但现在社会化数据80%都是非结构化数据，非结构的文本数据在各行各业有大量需求。“就此，我们希望通过语义云的方式，将非结构化数据的技术和人力向社会开放，也希望客户和合作伙伴能通过使用这种能力，再结合自身对行业的创新理解和行业的背景、经验，在行业中不断创新，从而共同推动非结构化大数据产业的发展。”杨凯程如是说。

杨凯程表示，目前神州泰岳也已经成立了神州泰岳人工智能研究院，研究院汇聚了鼎富科技的核心技术力量，以持续推动自身在自然语言的语义理解技术上的领先性。

战略二：人工智能

人工智能的核心是认知，而认知的核心是语义理解技术。神州泰岳依托领先的语义技术，重点推出了两款人工智能产品——统一业务知识库和小富机器人。杨凯程指出："现在的机器人还不能完全实现自然的交流，而未来机器人应该跟人沟通、交流时更像人，所以我们希望小富机器人能够推动机器人在认知领域的进一步发展。"

知识库也是人工智能的重要环节。现在知识库的加工基本是人工的参与为主，由人工进行知识的加工、入库，这会给知识库的应用领域带来大量的困扰和挑战。"我们希望能够生产出新一代的知识库系统，可以支持加工智能化，为行业带来巨大的改变。"杨凯程如是说。

战略三：云服务

云服务战略是神州泰岳希望服务好行业客户的战略，同时也是希望未来更多地采用SaaS服务的方式来提供云服务，将服务对象向中小企业甚至个人倾斜的战略。目前来看，行业的大数据和人工智能机遇已经来临，关键的问题是如何选择机遇和如何落实落地的问题，所以，"工欲善其事，必先利其器"，对于神州泰岳来说，优势在于"器"已经在手中了。杨凯程表示："我们根据不同行业对文本技术的依赖度选择行业。对文本技术依赖度很强，或文本是其重要业务的行业，如媒体、证券等行业将重点进行开拓。"

神州泰岳 DINFO-OEC 平台的四大特点

对于文本的坚守与期待

要拥有国际影响力，核心竞争力是关键。

杨凯程认为："从某种角度上说，掌握中文语义理解技术对于中国人来说是一次重要的机遇和机会，不论是鼎富科技来突破还是其他国内的友商来突破都是值得庆贺的事情。长期以来与国外的IT巨头相比，中国非常缺乏领先的IT技术领域，而'中华民族是以中国为家，华夏为号；炎黄为旗，阴阳为道；中庸为德，龙凤为图；以汉字为记的伟大民族'！所以中文是我们祖先留下的最为宝贵的财富，而中文自身的歧义性等难于攻克的难题，也使得国外IT巨头难于短时间突破，如果我们能够领先，就能够将中文的处理能力留在中国人手中。泰岳人希望看到这样的情况，不希望丧失这个可以领先的机遇。"

"当我们拥有很强的中文处理能力同时又具有完全自主知识产权的时候，就为神州泰岳服务于军队、安全和公安等部门创造了机遇。例如现在我们在军工行业做了一个类似于情报系统的知识库，目前已经同时支持12个主要国家的语言，且其知识处理能力具有较好的领先性。再比如对于公安刑侦文本分析挖掘中对于作案手段、时间、地点、物品、当事人和嫌疑人等信息的抽取水平的准确率和召回率都达到了90%以上，而这一技术能力通过优化是完全可以达到98%以上的，这将对提升刑事案件侦破的效率、线索的发现等提供极大的帮助。"杨凯程表示。

杨凯程认为，在未来的大数据创新中，国内大数据企业还是具有很大优势的。"因为大数据的属性是本地化，和生活、工作具有较强的相关性。而国外企业在国内数据方面的获取应该还是有一定挑战的，这也给国内企业提供了竞争的便利。"

优势和困境总是如影随形。大数据面临的难题就是需要大量而持续的投入。"鼎富科技在开始的几年中，将70%~80%的资金都投入了研发，虽然保持了每年接近300%的收入增长，但是还是不一定能够完全满足研发投入的要求。而大数据和人工智能的发展极其迅速，IT和互联网巨头们纷纷加入，若没有及时把握，就可能失丧失机会，我们不希望丧失这个机会，所以才与神州泰岳进行了整合。"杨凯程道出了发展大数据的困局和坚守之难。

文本技术需要承载公司未来商业模式的转型。但杨凯程认为，在这个过程中，需要有所为、有所不为。相信有这份有所为、有所不为的魄力，神州泰岳将在人工智能和大数据领域开拓出一片新天地。

星光数据：第一时间挖掘全量数据

我们如今生活在一个“大数据时代”，政府、企业、个人每天都在制造海量数据，文本大数据应运而生，越来越多的文本技术公司开始投身到这片蓝海中，挖掘藏在数据中的价值。北京智慧星光信息技术有限公司（简称星光数据）董事长李青龙认为，在大数据分析中这类数据虽然至关重要，但如何大规模对这些数据进行最有效的分析还较模糊，目前我国绝大多数的数据分析公司还尚不具备对其进行分析的能力。

当下“数据”的概念也发生了巨大变化。过去似乎只有电子表单上那些数值型信息，才可以被称为“数据”，但现在的“数据”可以是网络上任何的非结构化信息。

对此，李青龙进行了详细的介绍：“数据分为两类：一类是结构化数据，是可计算、可统计、可分析的数据，统计学、运筹学等学科都是在解决结构化数据的问题。经过多年的发展，业界已经做了大量的积累，对于数据的获取、存储、处理、检索等已经具备了相当多的技术储备，难以再有大的突破；另一类是非结构化数据，即以文本为核心的文本、图片、视频等，表现的特征是碎片式，不可统计、不可计算、不可分析，这些特点赋予了文本数据巨大的价值。可以理解为，对文本等非结构化数据的分析比数值型这类结构化数据的分析更为重要。”

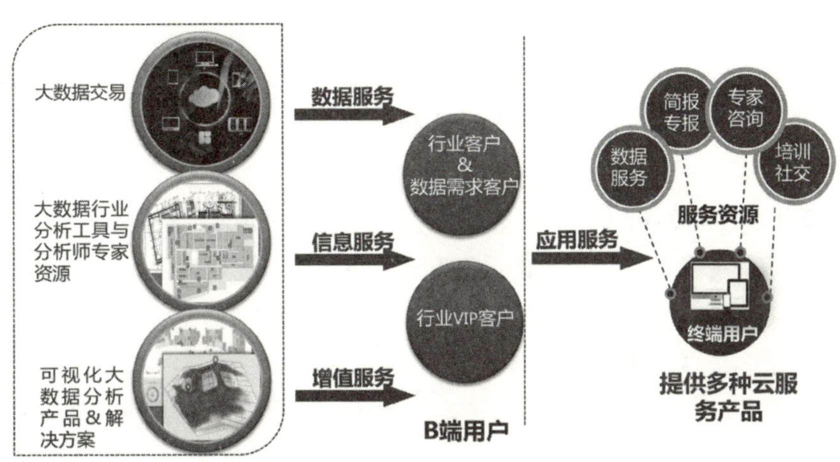

星光数据服务平台

智慧星光的定位是全球领先的文本大数据服务商，即立足于文本的数据化提供各类服务。“我们主要的服务内容分两个：一是实现信息对称，要实现信息对称，首先要在第一时间获取数据，并且是全量的数据，才是数据挖掘的根本。再把文本等非结构化数据，通过数据化处理转化成结构化数据，只有成为可统计、可计算、可分析的数据，才能实现信息对称。二是挖掘文本数据的价值。通过各种创新的分析工具和手段，将其整合为有价值的分析结果。”李青龙如是说。

在实际生活中，文本信息多是用于查看，结构化或数据化处理的工作多是由大中型企业交给市场调查公司、公关公司等机构完成，由其制作调查问卷，然后对它赋予数据，最后根据数据统计出结果，形成分析报告。此类公司提供的一般都是数据列表，是较浅层次的统计结果，因此价值比较小。此外，文本数据虽潜藏着巨大的价值，但囿于当前的计算方法和硬件设备，其价值还未得到充分的发掘。可以说，目前无论国际还是国内，文本数据的应用都才刚刚起步。

反向分词：极致、极简、创新

文本处理尤其是中文文本处理的核心在于：一是建索引进行搜索；二是分词，提高准确度。李青龙表示：“我们未来会向信息对称方向聚焦。而我们的日常生活和互联网之间隔着一堵无形的墙，造成了信息的不对称。通常而言，我们每天能获得信息的渠道包括各种搜索、各类网站和社交媒体。如果我就想关注某类事件，关于它的所有信息被淹没在互联网的汪洋大海里。”

为此，李青龙认为：“我们需要建立一种机制，用工具和方法打通信息通道，在打通的过程中，传统文本搜索常用的索引和分词使得其效率大大地降低，必须创新方法。”

“只要有索引和分词，大数据在整个体系中就施展不开。”李青龙举例说，“百度大数据的价值并未发挥，原因就在于百度的价值仍局限于是搜索入口，大家都在上面做广告，而为它的大数据价值买单的少之又少。”

目前，文本数据的量已经非常大，以往所使用的内存已难以支撑。“以星光数据为例，星光数据日增的文本数据量，去重之后将近1亿条，相比其他类型的文本处理公司要大10倍。这给计算机的处理能力带来了巨大的挑战，因此我们需要对文本处理的整个流程和逻辑进行全面创新。”李青龙以实际数据强调了创新的重要性。

星光数据的理念正是“极致、极简、创新”。李青龙解释道：“极致就是只要有相关的内容马上就能精准地获得，这要求对中间环节进行简化处理，于是，我们大胆地提出去分词。通过长期的积累，我们建立了一个以‘效率优先，精准优化’为原则的反向分词词库。”

传统的分词系统虽然也可以解决这个问题，但需要把文章全文全部分词，1000字的文章能够分出1000~2000个词来，这就意味着要分词后才能对应用户的关键词。“但通常我们在关注一篇文章时，只关注几个词，因此对那几个词使用反向词库就够了。反向词库比传统分词的效率提高逾1000倍，这样的效率意味着我们能够实现零时延，这就解决了系统越大越慢的问题，系统再大也不会慢。”李青龙如是说。

效率优先精准优化

李青龙指出，反向分词词库以“效率优先，精准优化”为原则，不代表以牺牲精准为代价，而是在保证效率的前提下，再修复和优化精准。他解释说：“要修复和优化精准，就要保证信息对称，而信息对称是建立在信息有效的基础之上，我们通过反向词库，解决了这一问题，有效地修复了精准。如搜索保定时，我们已把医保定点、张保定等作为反向词库，信息就精准化了。”

“这只是精准化的第一步，词的精准化只是文本处理的一小步。”李青龙表示，要彻底解决文本处理精准化，具体来说有三个步骤：第一步要把词分准；第二步是找好词的逻辑关系；第三步是结合用户行为的人工智能。

分词和反向词库还有一个巨大的差异，即分词依赖于已有的分词结果，因而当已有的词不存在或出现新词，系统就会出问题，无法检索和匹配。另外，反向词库不同于索引和分词，其用户越多越好，而反向词库的弊端恰恰也在于如果客户太少，其功能将难以发挥作用。

但如果没有信息，精准化也是无效的。精准化还有一个特征，就是个人阅读量越大，个性的推荐效果就越好，精准化程度就越高，形成良性循环。“这是一件好事，值得倾力发展。”李青龙如是说。

舆情监测：赢在数据质量

随着互联网+时代的到来，互联网正迅速融入各行各业。对于拥有全球人数最多网民的中国，更广泛的网络参与也带来更多的互联网数据和更全面的舆情内容。面对互联网上的海量信息，如何能做到准确获取、实时监控、合理分析、综合研判、定向导控，是摆在舆情工作者面前的重要问题。

李青龙表示，舆情是文本大数据典型的应用，其特征之一就是，客户可以清楚地告知需求。而传统索引的方式在应用时不知道客户的需求，因此需要建全词量的索引，但是内容非常复杂。而当客户可以清楚地告知需求，系统就可以把计算前置化，因此能输出更好的结果。

星光数据分析模型

李青龙把舆情公司分为三代：第一代为系统集成和软件开发公司，第二代是提供传统SaaS服务的公司，第三代是文本大数据应用的创新型公司。系统集成公司就是在系统集中加入软件开发，根据客户进行项目定制开发，形成舆情系统，这种舆情的最大缺点就是数据质量差。

2009年，SaaS在全球兴起，一些公司很好地实现了转型，有些公司转型时却跑离了轨道，仍采用系统集成和软件开发的方法，未能真正解决的舆情问题。"当时我告诫团队做项目不要只图一时之快，要坚定地把SaaS模式下的舆情监测系统做下去，在数据质量上超越别人。为此，我们投巨资建设了一个高标准的智能化信息采集和处理平台，为客户大大降低了成本，同时在信息的及时性、全面性、精确性方面满足客户的需求。目前，我们Saas平台服务1.5万多客户，付费用户超过2000个。"

社会对互联网舆情的关注程度也越来越高，与之相对应的处理方式也产生了相应的变化，从最初的不甚关注，到人工手动搜索处理、外包处理、系统处理，目前发展为专业技术服务团队的托管服务，舆情监测经历了阶梯式的发展。对此，李青龙表示："未来，星光数据将把握发展机遇，进一步完善舆情监测系统，不断寻求创新突破。"

要成为真正的信息服务者

李青龙介绍说，结构化分为两个层次：一是显性结构化，如文章的标题、内容、来源、时间、点击量和回复量；二是隐形结构化，在隐形结构化中，星光数据独有的技术是地域识别、文本挖掘和机器学习算法。"我们拥有一套强大的地域词库，是我们和1.5万家客户共同完成，其准确率达到99.9%以上。通过该技术我们就能在内容中做地域、人物和机构，以及联系方式、邮箱等相关信息的抽取，将抽取的结果进行结构化处理后提供给客户。文本识别和挖掘使得结构化程度更深，可以为客户创造更多的价值，也能让我们成为真正的信息服务者。"李青龙道出了地域识别的技术优势和未来的方向。

为了更好地进行结构化处理，星光数据采用了一些方法，如对网站信息的采集已全面实现直采。目前，只有搜索引擎大多是对新闻实施了直采，而我们是对重要网站全面直采。2014年开始，星光数据做了一个数据应用平台，目前平台中存储的结构化数据已经有600多亿条了，仅每天就会新增近亿条，可以运用数据统计或分析工具，在平台上获取、分析、计算和应用数据。

在应用层面上，要解决客户的痛点，就要根据这些痛点开发相应的应用产品。李青龙介绍说，在星光数据的整个产品体系中，单舆情一项就有大量产品，如舆情秘书是做监测的，智慧网评是做网络营销的，重点人物管理是做互联网重点人群精细化管理的，还有舆情OA系统等；再如智慧商情，相关的产品包括发现商机、分析行业和竞争对手、评估宣传效果等。

“目前，愿意为大数据直接性买单的还是机构类客户，政府、类政府、大中型企业。未来，大数据的价值将得到越来越充分的发掘，将会有更多的人愿意为之买单。”李青龙如是说。

商业模式的突破是关键

任何行业发展都会有瓶颈期，大数据的也不例外。李青龙直言，目前的文本大数据比较好的出路的就是App新闻推荐，其商业模式的突破在于它卖的不是信息服务费，而全是广告费，虽然面向的是C端，但付费的是B端。对此，李青龙指出：“文本数据应用需要思考如何实现商业模式的突破，这也是大数据发展的关键。”

李青龙认为，目前大数据采集、处理、分析、应用等的标准化产品的最大价值包括两个层面：一是效率提升。以往，要由人工提升效率，而大数据在一定意义上实现了人工智能化，这是大数据最大的价值。如以前需要几个人不间断地在各处做搜索、舆情监测等工作，现在通过大数据技术可能只需要半个人。用户打开手机客户端，重要的信息直接推送显示，节省了70%~80%的人工工作，这就是效率的价值。二是效果可查。对每天看的信息定性、定量的操作和分析。

据国际数据公司（IDC）在2011年的调查显示，今后十年，非结构化数据将占互联网总数据的90%，是一个尚未得到充分开发的“信息金矿”。对此，李青龙畅言：“我们相信，在未来的大数据分析技术中，非结构化数据分析将逐渐取代传统的结构化数据分析技术，通过海量的数据分析来为企业应对更为复杂的商业模型，从而替企业提高市场洞察力并创造价值。”

人大金仓：从传统数据库到新兴大数据

随着我国政府对信息安全、自主可控的IT系统要求越来越高，各种严格的规章制度也相继出台，尤其是2013年“棱镜门”事件爆发后，信息安全的阴云更是笼罩在政府和国产数据厂商的面前挥之不去。一时间，“去IOE（IBM服务器、甲骨文数据库、EMC存储）”在整个中国信息产业界有了更深刻的意义，特别是在金融、能源、银行、电信等关键行业，国产与国外软硬件信息产业的角力已悄然展开，尽管两者看起来实力悬殊。而2014年以来，国内一些政企采购方也一改常态，主动联系国产数据库厂商寻求服务，双方颇有点相互支持、同仇敌忾的意思。

“国产化”替代的先行者

作为国产数据库的先行者，北京人大金仓信息技术股份有限公司（简称人大金仓）早在2009年就已经走进电力行业入驻华北电网，以后备系统的身份与主调系统并行一年多后，终于成功上位替换掉了Oracle数据库。国家电网智能电网调度系统都是7×24小时连续运行，有很多相关业务系统在人大金仓的数据库平台上运行，因此对数据规模、数据压力和系统运行的稳定性等要求都非常高。以华北电网的数据量为例，人大金仓数据库每分钟处理30万条数据，并通过高可用配置的一系列机制保证了系统的长期稳定运行。

自2014年来，市场变化风起云涌，国产化替代的机会越来越多。很多行业客户主动要求试用人大金仓的产品，很多合作伙伴上门做产品适配和兼容性认证等。尽管人大金仓在电力行业已经实现了对Oracle数据库的替代，但是国产数据库厂商必须要做好技术、产品等各方面的扎实工作，才能在机会面前做到有的放矢。一方面，人大金仓定制了一系列国产化替代方案，并进行行业应用；另一方面，人大金仓与产品链合作伙伴一起，共同打造软硬件一体化的自主可控解决方案。

在数据库产品方面，人大金仓的核心产品金仓交易型数据库KingbaseES，具备高兼容、高可靠、高性能、高扩展、高安全、易使用和易管理的特点，是唯一入选国家自主创新产品目录的数据库产品，也是国家级、省部级实际项目中应用最广泛的国产数据库产品。

夹缝中的生存与发展

整体来看，国产数据库都处在一个跑步阶段上，尽管有一定的市场规模，但是在整个大的市场份额和市场定位里，市场的影响力相对较弱，还没有撼动国外的产品垄断地位。在这个情况下，国产数据库厂商之间的竞争也基本谈不上竞争，基本上在整个国外产品垄断态势下夹缝中间求生存和求发展。“经过近几年的发展，如果从纵向来看，自己的发展确实进步很大，但是从横向来看，和国外产品差距非常明显。”人大金仓总裁任永杰坦言，无论是品牌、市场的影响力方面，还是在技术方面，国产数据库厂商还有很大差距。

尽管差距明显，但在如今这个时代，信息安全就是国家安全。所以，在政治层面，推动相关信息产品的国产化是大势所趋。因此，从这个角度看，国产数据库代替国外数据库只是早晚的问题。

在自身发展和国家使命的双重激励下，人大金仓在传统数据库领域持续发力，不断完善和增强产品的高可靠、高性能、高安全、兼容性和产品成熟度；在新型数据库领域，人大金仓通过关系数据库与Hadoop的技术融合，构建大数据分析处理基础平台，研制云数据库产品，为目标客户提供优质的产品、解决方案和服务；而在国产化替代方面，人大金仓率先为党政军用户提供了一套完善的国产化替代方案，解决用户后顾之忧。

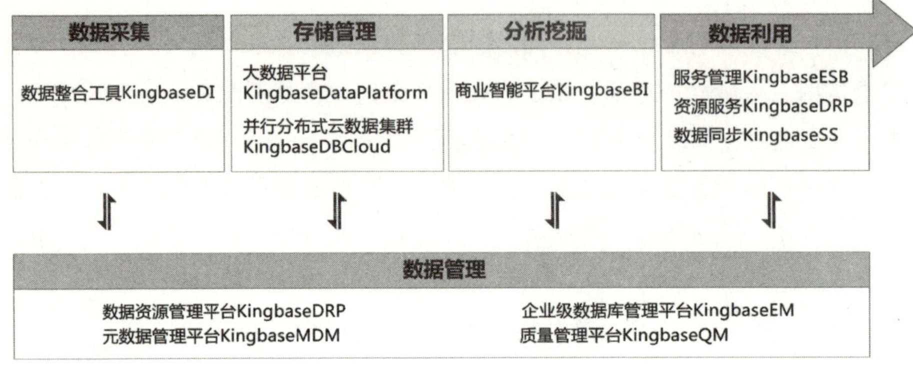

人大金仓大数据产品体系

在大数据时代，人大金仓立足自身在数据库领域的技术沉淀和产品基础，依靠在数据库研发、数据治理、数据分析等方面的积累，在发展国产数据库的同时，基于行业用户需求，推出大数据系列解决方案。以大数据基础平台、政府大数据、智慧城市大数据、大数据分析为解决方案主线，为各行业提供大数据建设的规划和设计的咨询、大数据平台搭建到应用实施的一站式服务。在产品层面，主要提供涵盖数据采集、存储、分析挖掘、利用、管理等能力的大数据基础支撑平台产品。

人大金仓已经通过国、军标质量体系，并建立了一套规范的服务体系，能够为公司客户提供规范全面的服务和信息安全保障。

合力破局成关键

面向目标市场，与产业链上下游企业加强合作，形成自身核心竞争力、研发差异化产品是破局的关键。人大金仓积极与国内外一些开放联盟加强合作，在数据库研发与产业化推广过程中，人大金仓除了与用户、集成商、行业软件开发商和其他基础软件厂商建立广泛的产业合作关系，还参与并发起了很多产业联盟，如长风开放标准平台软件联盟、人力资源与社会保障自主可控信息化产业联盟、中国国产数据库产业技术应用联盟、首都版权产业联盟等。

同时，人大金仓还通过自主研发、产学研合作、借鉴开源等措施，实现对产品的持续完善和增强。人大金仓未来产品技术的发展、产品的架构、产品的技术体系，将向开放的体系靠近。

人大金仓正与产业链上下游企业、价值链关联企业加强合作，打造一个多方参与的数据管理平台，积极主动地开放技术，与更多的企业一起协作形成一种合力。

面对市场需求的变化，人大金仓对旗下的多款数据库产品都做了相应的改变。交易型数据库产品，人大金仓研发了类似OracleRAC的共享存储集群集群组件，提高了产品的并发处理能力和可用性；分析型数据库产品，人大金仓融合了分布式计算和大规模并行处理技术，提高了产品的计算速度和横向扩展能力。

据了解，人大金仓也在积极寻求将产品和服务云化。一种方式是积极寻求与云服务厂商合作的机会，将产品部署到云上，另一种方式是从自身出发，研发更适合云服务模式和云计算基础架构的云数据库产品。

大数据时代的一站式服务

人大金仓自主知识产权的大型通用数据库管理系统——金仓数据库 KingbaseES是入选国家自主创新产品目录的唯一数据库产品，同时还入选了北京市和中关村科技园区自主创新产品目录。产品稳定运行于Windows、Linux、麒麟以及UNIX等主流操作系统平台，并与国内主要操作系统和中间件厂商具有产品兼容性认证，曾获得“北京市科学技术奖一等奖”和工信部软件与集成电路促进中心（CSIP）颁发的“国产优秀基础软件平台”。

目前，金仓数据库KingbaseES在政府、军队、电力、农业、水利、质检、教育、金融、能源、制造业信息化等领域拥有一大批实际的成功应用案例，众多应用已稳定运行5年以上，在国产数据库市场保持领先地位。

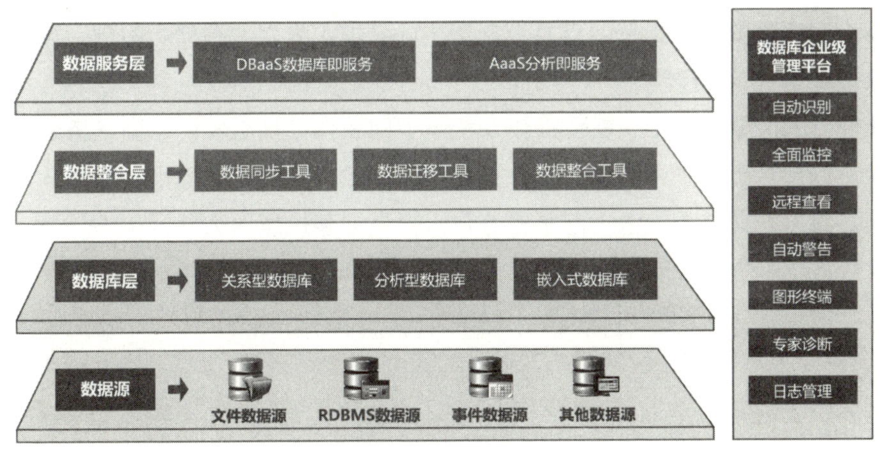

人大金仓数据库产品体系

“我们自己在整个业务规划里面，以自主可控数据管理为中心，一方面我们还会拓展、深耕我们数据库的业务，另一方面也在延伸、拓展大数据的解决方案，这两者是相辅相成的。”凭借公司多年在数据库的产品、技术和经验的积累，任永杰对未来的发展规划颇具信心，“多年来的经验积累是我们发展大数据的业务解决方案的基础，同时大数据业务在一定意义上讲，它也是对数据库的应用，对数据库的产品和技术提出了更多的要求，我们在过去两年里面，重点在数据库分布式集群、基础数据库技术本身深化，也是为大数据业务提供产品和技术的支撑。”

人大金仓在大数据浪潮中，依靠在数据库研发、数据治理、数据分析等方面的积累，在发展国产数据库的同时，基于行业用户需求，推出一系列大数据解决方案，逐渐形成了以大数据基础平台、政府大数据、智慧城市大数据、大数据分析为解决方案主线，为各行业提供大数据建设的规划和设计的咨询、大数据平台搭建到应用实施的一站式服务。

人大金仓经过十多年的底层数据研究和实践积累，自主研发了数据整合工具KingbaseDI、大数据平台KingbaseDP、商业智能平台KingbaseBI、数据资源管理平台KingbaseDRP等全线大数据产品，人大金仓大数据产品及解决方案目前已经在医疗卫生、医院、教育、金融、通信、政府部门、军工国防等十多个业务领域，成功实施交付了数十个数据中心（大数据）解决方案项目。

在大数据服务上，人大金仓以研究大数据产品（包括自有产品、主流开源产品、业内领先产品）的创新应用为主，积极贯彻执行“专注、融合、精细化”的服务理念。目前能够为用户提供360度全景大数据解决方案，其中包括项目规划、实施、运维全流程的技术支持，以及数据产生、获取、处理、存储、治理、分析、应用的数据全生命周期管理。

此外，人大金仓多年来联合操作系统与中间软件等基础软件厂商，搭建协同服务平台，为用户提供平台验证、综合性能优化、组合方案推广等平台服务。未来人大金仓还将与产业链上下游一起紧密合作，建设完整健康的大数据生态体系，共同推动大数据产业的发展和创新。

华院分析：企业精准营销创造新未来

从2002年到2016年，从数据挖掘与分析到平台开发、平台共享，十四年磨一剑，凭借在行业数据挖掘与数据分析领域的实战经验，华院分析技术（上海）有限公司（简称华院分析）走进了大数据营销行业的前沿位置。华院分析专注于研究洞察，也热衷于触达用户身边，为行业提供垂直化大数据营销的专业解决方案。

随着大数据行业的快速发展，在这个机遇与困局并存的时代，企业如何重新定义发展“精准营销”？行业如何迎接正快速到来的大数据浪潮？面对大数据时代的挑战，又该如何将数据营销的能力传递给各行各业的践行者呢？

聚焦数字营销能力传递

从2002年到2016年，十四年的成长发展时间，华院分析一直在开拓创新，对此，华院分析CEO唐岳岚回忆道：“华院分析成立之初就基于海量数据探索数据的价值，而当时能够有海量数据基础的用户主要集中在运营商、金融、零售、航空几个领域，当我们进一步去做精准营销的时候，我们发现运营商走在了探索数据价值的最前面。”

这个原因不难理解：第一，运营商本身拥有大量的客户源，为积累海量数据奠定了较好的基础；第二，这些数据有比较好的数据变现通道，也可以精准有效地触达用户。

也就是说，在挖掘数据背后价值的同时可以通过运营商去研究数据价值的变现。这也是多年来华院分析通过服务运营商做到了广泛的数据变现和精准营销的经验积累。

“相比于十几年前，市场发生了不小的变化，从关注度上来看，各行各业都开始意识到数据的价值，很多行业已经开始探索与自身业务相结合的数据分析，试图通过发挥数据背后的价值，促进业务的创新发展。另外，随着互联网及移动互联网的快速发展，一些传统的客户，如电信运营商的业务需求也发生了转变，针对这些客户，华院分析提出了全新的解决方案。”唐岳岚如是说。

数据分享创造合作共赢

在这个机遇与困局并存的时代，广告主需要开拓发展、品牌商亟待转型变革、营销服务商努力破局升级，面对新的市场趋势发展，华院分析不仅要更好地服务于电信运营商领域，还要满足各行各业提出的基于大数据的数字营销和价值挖掘，那么，华院分析师是如何做到的呢？

唐岳岚说道：“实际上我们现在也开始进行一个新的转变，华院分析为各行各业提供的是一个基本的能力，做数据的本领、算法的技术、客户触达的能力等，至于这个行业怎么样去打造最适合自己的方法，因人而异。”

唐岳岚所说的这种基本能力，就好比用户要做一桌子好菜，华院分析为其提供了做菜的原材料和技能，如何去配菜满足自己的胃口和市场需求，需要每一个行业自己去掌握。

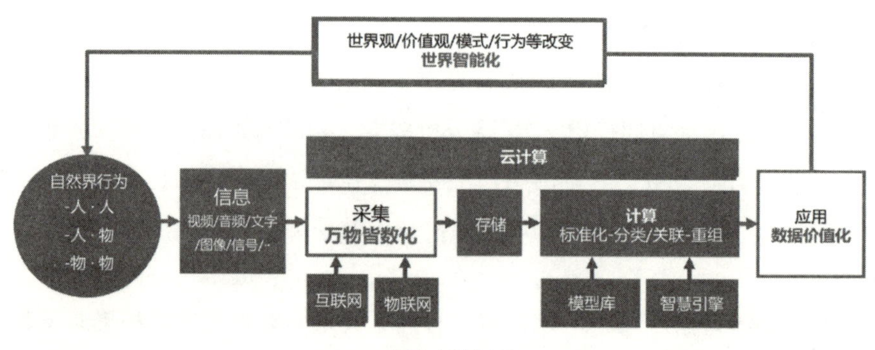

华院大数据观

更进一步理解的话，就是华院分析提供的并不是一个固化的产品或者方案，而是将自身具备的数字化营销的能力开放给企业，企业可以用相关的这些能力去打造属于自己的数字营销通道。

华院分析在十多年的不断创新发展中，秉持的不仅是自身的变革升级，更加期望能够助力行业的发展。在这个风头各出的时代，也必然是合作共赢的时代，华院分析坚持能力的分享，以期待合作共赢。

就像唐岳岚说的："我觉得数字化营销这个市场非常大，这也意味着竞争非常多，更像是'群雄征战'，各个厂商都在'江湖'中充分地展现各自的优势，但整个业态还没有站在一个爆发性增长点上，所以很多时候大家是做一些相互的联合，整体上更多的是处在数据积攒、数据联通的阶段，那么思考如何更好地合作，实现更多的数据价值才是更有意义的。"

大数据营销时代，合作共赢落到实处的，莫过于华院分析为此创造并与行业共享的，为了数字营销能力的开放、驱动全行业的数字营销领域变革发展、推动行业新纪元的触达，实现的基于营销链的数据解决方案——

四大子平台

1. AD HUAAT DMP 平台

2."棱镜"决策信息平台

3. AD HUAAT DSP 平台

4. 多触点营销平台

四大平台数据来源于全国范围，十多个主要省市，三大运营商，汽车行业、房产行业、金融行业、旅游行业、电信行业、零售行业等多个触达行业，上亿用户洞察数据，真正实现数据改变世界。

华院分析的数据产品是基于大数据精准广告营销而推出的数据平台产品，平台充分整合华院分析多年积累的大数据分析能力，挖掘消费者真实意图，精准传达品牌诉求，智能评估每一次展示机会，是高效数字营销的最佳实践，也是企业实现品效果合一的跨屏程序化购买服务的最佳选择。

与此同时，华院分析长期致力于通过开放生态的方式与合作伙伴合作。一个开放式生态系统的成长，不仅能够推进整个行业的透明度、专业化及连通性，还将在解决各种问题上迈出很大一步，并同时给生态系统带来更多价值回报。

这主要体现在两个方面：

一是可以使供应商与生态系统中的其他伙伴实现合作及变现；开放式平台的理念，本质上就是广告及营销技术行业的API经济。它使得资源、业务逻辑以及数据可以实现交换和变现，为合作伙伴，以及整个行业和终端客户增加更多的价值。

二是营销人和代理商可以通过开放式平台一站式导航整个广告及营销技术生态，并通过数据管理平台，来统一地管理及激活数据，最终实现整个营销生态的程序化及自动化，使得营销效率及效果最大化，为营销人创造出最大的价值。

大数据助力企业创新发展

看着近两年的营销行业分析数据，这成功飞天而又快速走入迷林的两年时间，更加波诡云谲的大数据新浪潮已经在向我们走来。

在过去，数字化营销被看作特殊领域的独立营销形式，但随着数字经济时代的来临和发展，近年来，数字化营销越来越被看作能够涉及绝大多数的传统营销领域（如直复营销）的营销形式，营销市场的变革，是对传统企业的一次大考验，传统企业实现数字化时，必须把数字化营销作为一个重要的方面来关注。

但是，当下的国内大数据还存在这许多的问题，企业如何真正地基于大数据实现营销数字化，成了行业急需共同探索的问题。

唐岳岚在基于华院分析专业的数字营销理论与实践的基础上，分析出了企业如今面临的三大门槛：

第一，数据的门槛，一些行业可能只有自己内部的小数据，如何跟外部的大数据实现连通是不小的难点。

第二，不是所有企业都具备数据分析的技术能力，所以当企业面对海量的、无规则的数据时，如何去分类、如何去使用、如何生成客户画像等都存在盲点。

第三，每个用户都应该去思考，比如未来的营销怎么样去互联网化、数字化，更重要的是要打造自己营销数字化客户速达能力，这也是很多用户面临的痛点。

对于当前大数据整体的市场发展，唐岳岚认为目前整个国内大数据的状态还属于数据价值发现和数据互联互通这两个阶段。原因是虽然现在很多人都在谈大数据如何去变现、去创造价值，但是整个大数据的价值创造还没有得到一个爆发性的增长，大家也都在不断地尝试。现在更多的是各个厂商都在分析数据，实现各行各业的数据互通。

显而易见的是，虽然目前的大数据市场还没有到达一个整体的爆发期，但是，浪潮的来临是必然的，迎战的决心和准备同样必不可少，华院分析一直在探索与成长，大数据行业的未来，需要大家的共同努力，华院分析，坚持与行业共享、互赢！

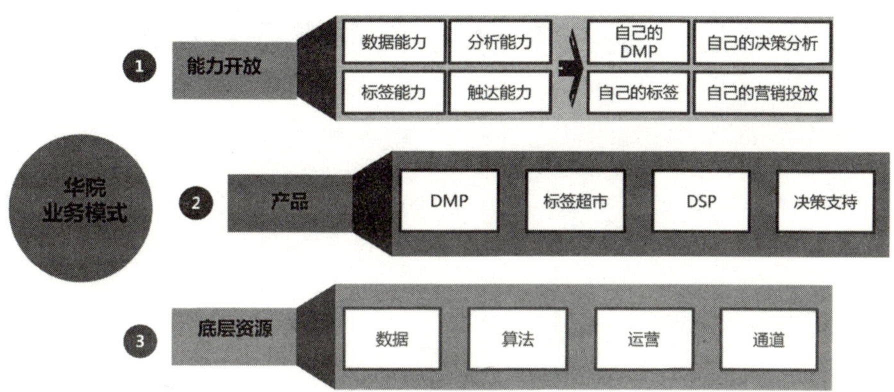

华院分析业务模式

明朝万达：坐在安全之巅方能静看云卷云舒

“近年在国内数据安全领域，起起落落的公司至少有几百家，但坚持下来的寥寥无几，绝大多数都在激烈的竞争中消失或被收购。”谈及此，北京明朝万达科技股份有限公司董事长兼总裁（以下简称“明朝万达”）王志海难抑感叹。

值得庆幸的是，明朝万达坚守到了柳暗花明。明朝万达从2005年成立开始，就一直在做数据安全。“我们最早投入的是研发制造型企业和科研院所。原因在于，当时研发制造型企业间的竞争激烈，人员流动性大，为了保护知识产权和数据竞争力，这些企业成为最早一批关注数据安全的群体；设计院所的核心竞争力是图库，需要长年的积累和大量的资金投入，为了保护图库安全，设计院所也较之其他行业更加关注数据安全。明朝万达正是瞄准这一机会成立。”王志海回忆起公司成立的始末。

信息泄漏只是冰山一角

虽然现在从事大数据方面的公司数量可观，大数据发展的整体态势较好。但王志海认为，国内大数据仍处于较初期的摸索阶段，整体体现在几个方面：

第一，真正依靠大数据产生价值的公司还不多，收入规模还不大。贵阳大数据交易所2015年的交易额也仅有6000万。

大数据时代的数据安全风险

第二，大数据相关的基础支撑设施，比如法律法规、安全保障等还不完善。大数据要真正地发展，安全是题中之意。遗憾的是，目前除了银行，其他行业相关的法律法规、规则标准几乎无一出台，“盲目”可以说是现阶段大家扎堆进入大数据的写照，这会给大数据的发展带来大量风险，阻碍大数据产业长久、健康地发展。

第三，虽然从事各类业务的大数据公司较多，整体发展形势也较好，但规模都不大，定位也不够清晰，总体处于比较杂乱的状态。“大数据的应用一定要和业务结合，大数据要真正体现价值，恐怕只有在这个环节进行突破。”王志海解释道。

从整个信息安全的发展来看，信息泄露日益严重。10年前，网络安全事件多是某网站被黑客攻击了，这种攻击行为大多不带有明确的政治目的或经济目的，但从最近5、6年开始，已经从纯粹个人英雄主义转为具有明确的商业目的和政治目的。大部分的网络安全事件是信息泄露，网络攻击行为多是为了窃取数据。如前两年比较热的APT（高级持续性威胁），其攻击手法就是潜伏在用户系统中，用各种手段不断窃取数据。

从整个安全角度来说，信息泄露只是冰山一角，地下黑市中未被曝光的数据不计其数。因此，传统上仅保护网络安全或系统安全已经意义不大，数据安全本身已经成为新一代信息安全的核心。信息化的核心价值就体现在数据上，企业正是通过使用和交换数据体现信息化的价值。在得到数据所有权人授权的情况下，数据在交换和使用时，数据的边界会被打破。

这时我们就要在安全上把关。例如不知道云计算的物理边界在何处，就无法进行安全保护。“不管物联网还是移动互联网，都不能再简单地对边界进行限制，而是要让数据充分地流动，才能最大限度地实现价值。政府提倡大数据的开放，其实也是在促进数据的流动。”王志海说道。

真正的数据安全要和业务相结合

真正的安全必然是跟业务融合在一起，这也正是明朝万达收购以公安行业为主要业务行业的紫光金之盾公司的动因所在。过去，因为没有相关的安全保障，公安各系统之间是封闭的，数据无法流动。现在我们要重新设计系统，将数据安全技术和云的模式相结合，保证系统中的数据实现互联和提效。比如公安抓捕的毒贩是四处逃窜的，这给抓获破案带来很大难度，新的安全系统可以提高业务系统价值，在保证数据安全的前提下，使公安部门放心地将数据互联互通，从而大大提高办案效率。

大数据最终要和业务结合包含两个层面的意思：一是在业务系统中生产数据，二是在业务系统中使用数据。“以公安行业为例，公安部门会生产大量数据。比如全国反电信诈骗系统，它首先在不断地生产数据，我们再通过大数据的分析做案情的侦查，最终找出诈骗的点。又如禁毒系统，在这方面快递行业拥有大量有价值的数据，比如数据显示有10个吸毒人员都经常通过顺丰快递联络一个人，就可以判断那个人可能就是贩毒的源头。”王志海举例说。

“日前，我们收购了一家做全国公安反诈骗的公司，这家公司为公安部做了禁毒、刑侦等系统。收购后我们打算把系统以云的方式运作，而云化要解决的核心问题就是数据安全。”王志海如是说。

“我们在银行最早接触的是安全部门，因为银行普遍认为数据安全只是安全产品。但在很多银行，我们是和软件开发部门、业务部门直接对接，通过这种方式，对用户和业务的理解越来越深。”王志海再次强调，数据安全只有和业务系统融合在一起才能做好。“反过来，我们又通过数据来支撑业务的发展。以高速公路为例，河北和广东高速公路的部分规则和相应的安全措施就因地制宜、不尽相同。”

明朝万达生产大数据，又通过各行业的协调和各种数据安全的处理技术，为社会提供数据服务。就此，王志海介绍了明朝万达整体的战略："一是以数据安全为核心切入业务，只有真正将数据安全和业务相结合，才能做好数据安全，并推动业务来生产数据；二是通过数据对外的服务平台，将行业逐个做深。"

做高大上的客户就做高大上的行业

目前，明朝万达在行业的领先优势已经确立，其中公安和金融行业是公司的重点行业和成功范例，是明朝万达做得最成体系的两个行业。而不同行业的客户对安全的认知程度不同，我们在行业所处的阶段也随之不同。如在审计行业，我们仍处于做数据安全的阶段，只能提供数据安全的产品给国家审计所。

在公安行业，明朝万达已开始研发公安系统的安全应用。"我们参与了从2016年开始建设的公安移动信息网，原称'移动警务'。过去公安系统一直对外封闭，而公安移动信息网类似于公安外网，将真正实现信息开放。开放与安全问题一直如影随形，要将民警、协警、'朝阳大妈'，以及便民服务等内容纳入公安移动信息网，真正实现开放，就必然要以数据安全为核心，这是我们在设计信息安全体系时秉承的关键点。"王志海如是说。

在金融行业，明朝万达主要服务于国内的银行。"四大银行我们接触的进程相对较慢，但也在有序推进，目前我们在为工商银行做数据安全整体项目的规划。而12家股份制银行大都已是我们的客户。"王志海介绍说，"我们从2012年开始为光大银行提供数据安全服务。目前，光大银行的数据安全管理平台等各种应用都需要和我们对接，即光大银行的应用开发要调用我们的接口，把安全能力集成到它的应用中。我们已然变成一个数据安全的'中间键'。"

目前，明朝万达刚进入第二个阶段——以中大型银行为目标客户群。而超大型银行仍处于较谨慎的阶段，但已做了数据安全的相关部署，90%以上都是有需求和意向的。

成绩的背后是荆棘。谈到银行，一路走来似乎尤为不易："第一期做银行业务可谓步履维艰，走招投标或邀标等通常仅能收回成本甚至亏本，但一旦切入银行业务就能步步为营地推进。后期具备一定的品牌影响力之后，能以比竞争对手高的价格中标。因为行业用户的数据安全都是按照业务系统依次做，可能对各系统核心的数据进行加密处理，而当数据的使用日渐频繁时，势必需要流通，这也包括加密的数据。如银行做综合信贷系统时，数据必须互联互通，所以只能找我们来做，甚至我们无需再通过招投标。国内大中型银行一般有几百个应用系统，小型银行也有近百个应用系统，业务的持续性和规模之大能很好地保障利润。”

从开始时的步履维艰，到而今的柳暗花明，这得益于“坚持”二字。“随着用户陆续接入我们的平台，我们在帮用户做数据安全的策略前，首先就要清楚数据的来源、存储地点、使用者、权限等，在这个过程中我们对用户业务的理解会越来越深，程度甚至超过用户的科技部门。这反过来有助于以上的几个层面，从而为我们创造更多的机会。”王志海道出了其中的关联和裨益。

未来，我们希望形成一个数据循环的生产服务流程。“做高大上的客户，就做高大上的行业。因为这类行业客户有集中生产数据的需要，我们才能将这些数据集中起来，进行统一管理。”王志海如是说。

三步走：安全—应用安全—安全应用

明朝万达的服务能力、对行业的理解能力都已获业内认可，在客户中拥有较高的品牌认知力。除了一些国家部门，国内绝大部分数据安全公司的产品都选自明朝万达。

明朝万达的三个阶段：安全—应用安全—安全应用。

王志海认为，大数据公司要长足地发展，需要把握如下三个关键环节。

环节一：大数据核心处理技术。虽然现在的开源产品很多，但和具体应用结合时还是不同。如公安行业，遇到的问题就是视频大数据。目前，全国公安系统有几千万个摄像头，未来甚至会有上亿的规模。要将街道、楼宇，门店的摄像头拍摄的视频数据全部集中起来分析，从中挖掘和利用有价值的数据，这要求我们掌握海量数据处理技术等大数据核心处理技术，这是不能忽略的关键环节。

环节二：合法的数据生产平台。现在很多自我标榜的大数据处理公司拥有的数据是“无源之水，无本之木”。数据来源可能是通过地下黑市等途径，因购买的次数有限，这些数据不具有可持续性。而数据需要持续更新才有生命力，因此，拥有合法、可持续的数据源，并对不同来源的数据进行整合的公司，才具有存在和长足发展的价值。

当下，用户生产的数据存在分散性、真实性等问题。拥有数据源的公司的长处就在于，可以通过自主的技术和商业模式推动数据生产。

环节三：大数据应用。大数据听起来高大上，离实际生活很远，具体到某个应用中实则不然，是近在咫尺的我们确实需要的技术。王志海认为，大数据、人工智能等技术的具体应用其实很简单，关键在于你是否愿意对行业进行深度挖掘，以及对行业业务的理解程度。

行远必自迩。“要做好这些环节，我们必须沉下心做事情。靠买数据的一些公司，可能短期内能炒高市值，但想要持续性发展，这三个环节是关键。”相信有这种信念，明朝万达必然行之将远。

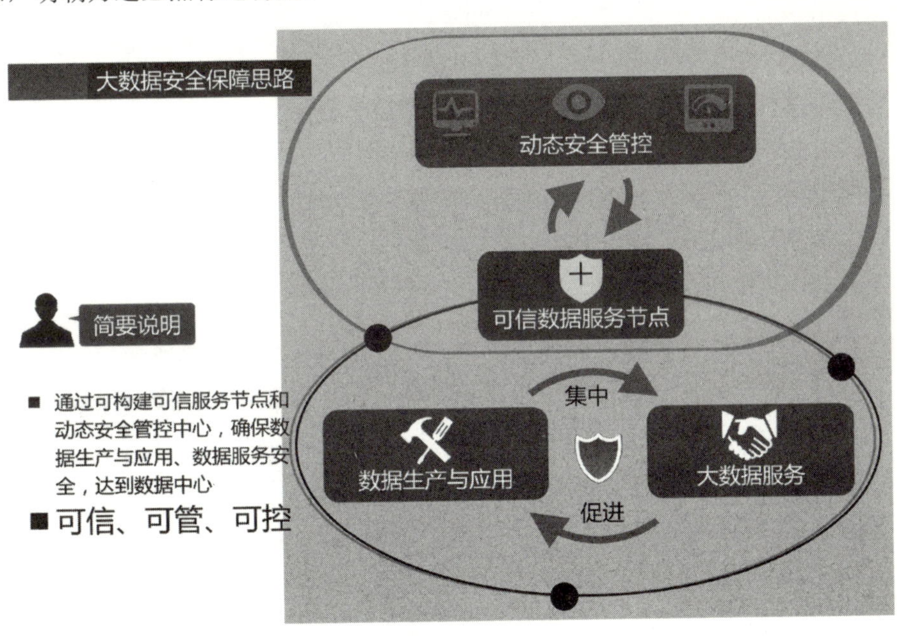

大数据安全保障思路

昆仑数据：制造即服务　数据即价值

大数据正深刻影响着现代人的思维模式与消费习惯，也在渗透和颠覆着传统行业。大数据可以为企业智慧决策提供依据，通过对数据的获取、挖掘和整合，将会为从业者带来巨大的商业价值和无限可能。站在大数据的风口上，传统工业应如何顺势而为，走出产能严重过剩的困境，成为业界的难解之结。

对此，昆仑智汇数据科技（北京）有限公司（以下简称昆仑数据）CEO陆薇认为，唯快不破的互联网时代已去，深耕产业方得始终——必须将传统工业与互联网深度融合，寻求全新的管理与服务模式，创造出超出产品制造本身的更具附加值的产业形态，才有可能让工业走出低谷，再度崛起。

产业互联网成新风口

陆薇认为，大数据已从炒概念和市场泡沫期进入做实事的阶段，但大数据在各个领域的发展还不够均衡。

大数据伴随着互联网的发展。如果把互联网进行简单分类，可以分为“消费互联网”与“产业互联网”。日常生活中的打车、团购、购物、O2O服务等都属于消费互联网的范畴。“大数据技术是从消费互联网领域发展起来的，譬如谷歌、Facebook

等互联网巨头天然拥有大数据，因为自身业务需要创建了大数据技术。”陆薇详述了消费互联网和大数据兴起之道，“可以说，大数据技术一开始就是用于处理人产生的数据，主要是文本、图片等半结构化或非结构化数据，支持这些数据的技术非常合适用在商业的领域，因此，这类数据公司多是集中在征信、营销、广告等商业应用领域。”经过十多年的发展，消费互联网已将人的衣食住行等大的需求覆盖了，消费互联网市场已趋于稳定与饱和，与此同时，消费大数据技术也已发展成熟。很多市场的调研报告显示，产业互联网潜力无限，可能将是互联网的下一个风口。

事实亦是如此，随着工业4.0、“互联网+”、物联网、企业级云平台等新一代IT技术的兴起，特别是随着产业互联网的重要基石——大数据（包括能够自学习的认知计算）的落地，互联网高速发展的引擎，已逐渐从消费互联网开始转向产业互联网。

比起消费互联网，产业互联网起步稍晚，该领域的大数据技术的应用起步也相对较晚。目前，中国做大数据应用技术的公司占多数，但能做大数据系统的公司相对较少。“中国的产业互联网基本还在使用已有的大数据技术，特别是用大数据开源社区中的一些技术，来解决本地市场的应用需求。而产业互联网的数据和应用都和消费互联网有巨大的差异，因此对支撑的大数据技术有很不同的需求，需要一类新的技术。“我认为，这是中国大数据未来应该发力的点。因此，我们在做产业互联网领域的大数据技术时，不是单纯地做应用技术，而是涵盖了系统软件技术到应用软件技术两个层面。我们希望在产业互联网大数据领域，打造一个从底层技术到应用的垂直平台。”陆薇如是说。

三类公司谁能改变世界？

产业大数据具有很大的探索空间，因此，一些对实体资源有充分把控能力的公司，开始尝试与移动互联网融合创造全新的价值经济，进而推动互联网行业迈向产业互联网时代。涌向该领域的公司，大致分为三类：

第一类是原来就在行业内做信息化解决方案的公司，他们在看到大数据的需求后，转型成为做大数据解决方案的公司。其优点在于，他们长期在这个行业，对行业的需求和业务较了解；劣势在于，他们并不是大数据技术公司，更多的是利用既有的大数据技术做所在领域的工作。谈及与这类公司的关系，陆薇表示：“我们更多地把他们看成合作伙伴，彼此优势互补。我们提供大数据平台，他们利用自身对行业的理解，以及多年建立的客户资源，在平台上共同发展大数据业务。”

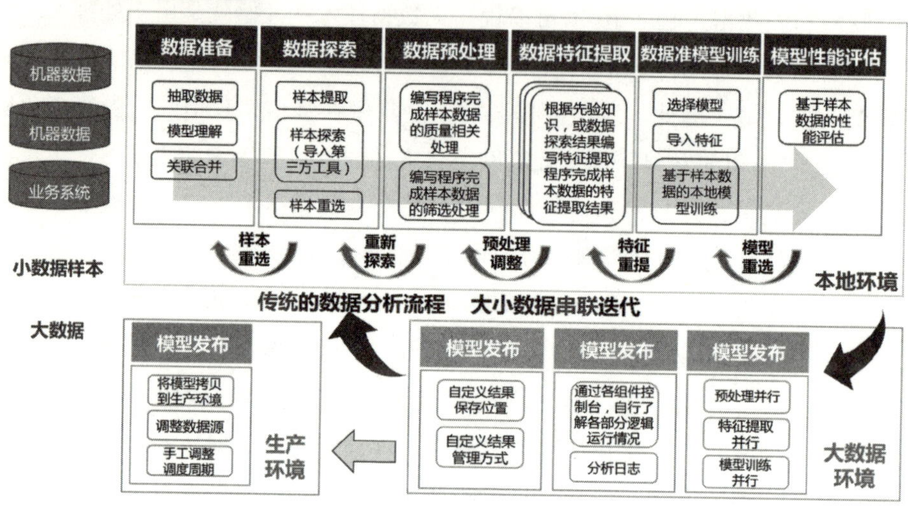

机器数据全生命周期生产线 MDR

第二类以前就是大数据公司，但不擅长这个领域。现在存在很多对大数据有需求的产业领域，这引发一些公司思考，是否能将原有的技术平移到对大数据有需求的领域。陆薇坦言，这一类公司大部分仍在使用通用的大数据技术，能解决产业互联网的一部分问题，但不是最合适的方式。

第三类是和昆仑数据一样，真正立足于所在领域，研发针对该领域所需要的大数据技术。目前，国内很缺乏这样的公司，而国外如硅谷的Uptake已展露成为“独角兽”的潜力。2015年，Uptake从Caterpillar（卡特彼勒）等投资者处获得4500万美元的投资，用于设计一个“改变世界产业的平台”，并成功当选2015年硅谷估值增长最快的初创公司之首。

另外也有一些原来就在工业行业，想要转型的大型企业，这类公司以GE（通用电气）为典型代表。GE以前是做设备制造的企业，近年开始涉足软件和服务，其采取的做法就是和一些大数据公司合作，如与Pivotal和AWS合作，再结合自身对行业的认识，共同开发Predix平台，以优化运营效率、供应链，节约成本，刺激工业互联网的发展。“我们在做的事情与之类似：我们立足于工业大数据领域，钻研该领域数据的特点、建设适用的大数据平台。”陆薇如是说。

用大数据解决用户的问题

产业互联网的商业模式是以“价值经济”为主，工业企业讲求务实和精益求精的管理。因此，工业大数据不是单纯的技术活，首先要从用户的业务需求出发——用大数据解决用户的问题。因此，如何运用大数据为其提升效益、质量、效率，降低成本，及开拓新业务。“这个是我们开展工作前，首先要思考透彻的问题。”陆薇强调，“要进入产业大数据，首先要能够跟产业界的专家一起谈业务。但由于当下做产业大数据的公司较少，很多企业虽想利用大数据，却难以找到理解其业务、能与之并肩作战的合作伙伴。”因此，昆仑数据定位为“企业的大数据合伙人”，不仅提供大数据技术产品，同时还通过数据科学家团队为企业解决实际的业务问题。

要解决的本质问题是企业的业务发展问题，因此工业企业向大数据转型不单是信息部门的事。“实施大数据之后，企业既有业务运作方法、流程，管理，战略都会受到很大的影响。”陆薇解释说。

要应用工业大数据实现智能转型，企业需要有一定的基础。陆薇直言：“制造业企业都在讲工业4.0，要向智能车间、智慧工厂迈进，都有产业升级的需要。但很多企业还不具备条件，大数据是4.0的事，他们甚至连工业3.0还没有达到。工业3.0要求企业的生产经营全面实现自动化、信息化，在积累了一定的数据后，才谈得上基于数据优化生产经营、提升效率、降低成本。”

“我们希望作为企业的大数据合伙人，不是简单的提供一个系统，而是帮助企业规划大数据转型，包括分析和规划转型的方向、路线图；甚至做超出大数据本身的事情，如引进相应的自动化厂商、信息化厂商，帮助企业做内容生产、经营系统的改造，让企业具备做大数据的基础，接着帮助企业构建大数据的平台，再通过数据科学家服务，让企业实施大数据的具体业务。只有这样，才能真正解决企业的业务问题。”陆薇介绍了昆仑数据帮助企业向工业大数据转型的具体步骤。

大数据扭转制造业空心的结局

现在，中国很多传统行业产能过剩，竞争非常激烈。“我们是《中国制造2025》中工业大数据路线图的规划者。我们在规划的过程中深刻地体会到，2025真的不是单靠政府可以推动的。中国制造业正面临非常大的挑战，几乎已经到了生死存亡的关头。这听起来有些耸人听闻，但绝非空穴来风。”言辞间流露出些许忧虑。

要直观地说明形势的严峻，最有力的莫过于让经济数据来说话：2015年，BCG（波士顿咨询公司）做了一个关于全球制造业竞争力的调查，把各种因素综合进行分析。从成本这一因素来看各国的制造业综合成本的变化。10年前，美国的制造成本大概是中国的3倍；现在中国的制造成本指数是96，即同样一件产品，在美国制造成本是1美元，在中国则需要0.96美元，成本的差距越来越小，中国的成本优势已不复存在。

正因如此，在波士顿咨询的报告中，美国被认为是制造业的复兴者，而中国则是面临压力者。美国政府在4年前就提出要重振制造业，建设了国家制造创新网络，倾国之力在高端制造的重点工艺或新型材料方面，建立了国家级的创新社区。

制造业正在向4.0升级，而工业4.0意味着更精简的人力和更智能化的系统，更讲究技术驱动。诚然，中国在技术驱动上缺乏优势，由此面临着双重压力：高端的流向欧美回流，低端的流向越南、菲律宾，真的是到了生死存亡的关头。

“这种形势正是《中国制造2025》战略对中国如此重要的原因。如果我们不在很短的时间内真正地提升制造业的竞争力，必将面对高端、低端都流走的制造业空心的结局。”陆薇表示，要实现中国制造2025是非常有挑战性的，首先要寻求技术上的突破口，“从工业大数据的角度，无论是中国制造2025，还是德国的工业4.0，抑或是美国的工业互联网，在新工业革命中大家达成了共识——大数据是关键的技术要素。”

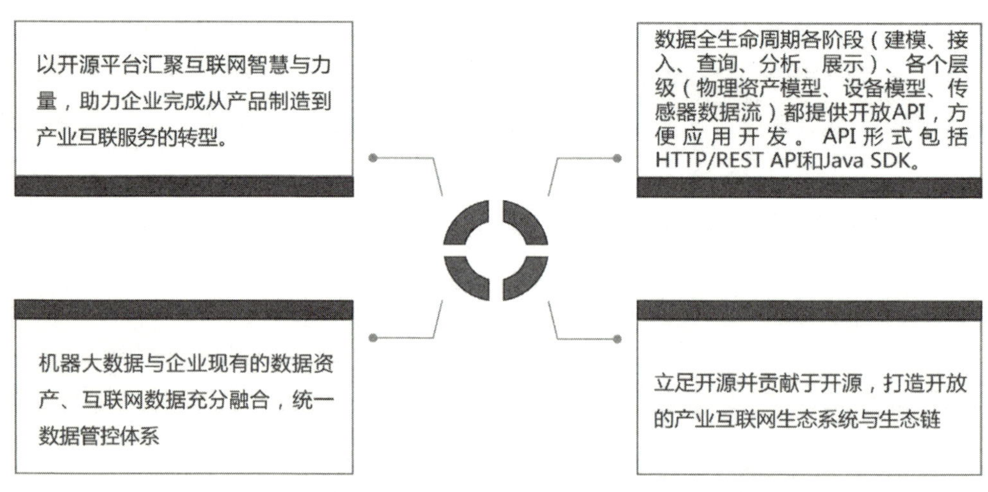

昆仑数据为工业行业深度定制大数据平台

合力创新才能突围技术垄断

工业的任何细分领域要应用大数据，归根结底需要大数据平台的支持，且工业大数据有很多独特的技术需要，需要不一样的产品。陆薇坦言，要想在这一点上实现突破，不是单枪匹马力所能及的："《中国制造2025》第一项任务是提升制造业的创新能力，举措之一就是建立国家级的制造业创新中心。在国家工信部和北京市经信委指导下，2016年9月刚成立的北京工业大数据创新中心，集结了北京市优势资源，包括清华大学等高校、中国机械科学总院等行业研究院所、昆仑数据这样专业的工业大数据公司，以及金风科技、台达电子、三一重工等工业各细分领域的龙头企业。通过和行业内的龙头企业合作，推动大数据共性技术和行业应用的产业化，打造行业龙头示范效应，真正让行业内的上下游企业都用起来。我们希望未来有朝一日，它能够发展成一个国家级的工业大数据创新中心，帮助工业企业真正实现产业互联服务的智能化转型。"

但工业细分领域的需求很多，参与单位并不能解决所有的需求。就此，陆薇表示："我们希望中心的大数据平台成为一个开放创新的平台，让一些创新创业的团队可以在平台上针对他们了解的细分领域的需求，开发相关的应用，服务该领域的用户。"

这些问题的症结还在于，中国工业发展数十年，但CAD、CAM、ERP、MES等高端的工业软件一直由国外垄断。当下工业大数据方才兴起，各国几乎是站在同一起跑线。应以乐观的心态看到，不同于工业软件，中国在工业大数据技术上还有追赶和超越的机会。在陆薇看来："中国最大的优势在于工业市场巨大，我们可以先从业务做起，再将人才都培养起来。我们希望借助国家产业升级的巨大市场需求驱动，打造出能够比肩国际技术的大数据平台，真正打破国外企业在工业大数据领域的技术垄断局面。"

ZETTAKIT：超融合让云计算回归本质

超融合通过实现存储、网络、计算的虚拟化，将计算、网络、存储整合到同一个系统平台，解决了从计算到存储包括网络横向扩展的难题。超融合架构大幅提升了计算能力，依托其底层分布式存储，可实现数据容灾功能，同时使云计算硬件成本大幅降低，数据更安全、业务更可靠、维护更方便。超融合让云计算更进一步回归其本质：用低廉通用的设备搭建高可用服务。

尽管市场仍处于超融合应用的起步阶段，但自进入中国市场伊始，超融合的发展之势便风起云涌。目前，超融合架构正快速应用于众多行业客户，并成为资本市场的新宠。未来超融合的市场容量将达到数千亿级别。目前，作为达晨投资的唯一一家超融合云计算企业，ZETTAKIT正努力在这场架构革命中不断寻求突破。

超融合将成为大数据生态的一部分

“置身红海，大数据公司在数据的抓取、脱敏、分析挖掘等横向层面的竞争非常激烈，必须落地才能生存。在大数据生态中，水平行业的竞争尤为激烈，在竞争中脱颖而出的公司都有可圈可点之处，例如数据堂的成功归功于成功的商业模式。垂直行业存在竞争的同时，也有不同的机会。我们现在已经开始在垂直方向布局大数据，将大数据深入特定行业。”查乾介绍说。

大数据的落地至关重要。特别是在金融、保险等核心行业，大数据势必落地，例如银行推出其金融产品的时候须依托大数据，才能优化金融产品策略等。大数据征信时代已经来临，未来三到五年，中国将告别传统金融征信时代，而进入一个更广泛的征信时代。未来个人或者企业的信用将体现在互联网的方方面面。要在这么短的时间内步入新的征信时代，加快推进大数据的全面落地和发展成为必然。

金融、保险、公安、交通等行业是大数据强势发展、相互又密切关联的行业，这些行业的大数据均与人们生活息息相关。比如：一辆汽车快速经过高速卡口，要即刻判断出其是否存在违章和犯罪记录，就涉及交通和公安两个行业的大数据。因此，大数据在这些行业的落地，无论对于行业还是民生都意义重大。

大数据还包含工具和平台，随着超融合技术的发展和大数据行业的沉淀，超融合将成为大数据生态的一部分。“任何企业都不可能脱离行业而独立存在，超融合企业也是如此。无所依附，如何立足？”查乾如是说。

超融合时代到来：几家欢喜几家愁

超融合是技术架构的革命。在上一代云计算架构中，100TB存储支持15台虚拟机的计算规模，硬件成本往往超过100万元；超融合云计算支持这样的计算规模，只需要3台X86服务器就能做到，存储硬件成本不到20万，且数据更安全、业务更可靠。查乾认为，在两到三年内，国内做中低端存储的公司将面临巨大的挑战。

超融合的核心分布在存储、计算和网络上，不但解决计算的问题，同时底层的分布式存储又是一个天然的数据容灾系统。数据的副本机制、切片算法使得当系统一个或多个节点在硬件损毁、掉电等的情况下，应用不会中断，数据也不会丢失。

计算、存储、网络对企业资源的整合能力要求很高，而ZETTAKIT超融合的定位就是软件定义数据中心。查乾表示，虽然国内越来越多的厂商开始加入超融合的大军，事实上，只有很少的超融合厂商聚焦在SDDC上。

同为初创公司，ZETTAKIT超融合架构的最大区别和优势在哪里呢？查乾解释道，大部分的IT创业公司都采用开源系统。承载十几个节点可能没问题，然而当节点规模达到几百甚至上千的时候，就很难保证系统的可靠性。另外在计算层面，诸如我们的内核在线升级技术也是行业领先。因此，大部分初创公司一般都不会轻易涉足银行的IT基础架构，而ZETTAKIT已在银行等金融行业成功部署并获得客户认可。随着企业规模的不断扩大，其数据中心的规模也将越来越大，超融合的价值就能真正体现出来。

VR：观望还是抢先布局?

作为超融合厂商，ZETTAKIT已经走过第一个阶段——产品化阶段，接下来就需要寻找生态应用。目前，ZETTAKIT主要进入如下三个行业。金融：2016年年底，ZETTAKIT将会与吉林农信等十多家银行合作，2017年计划突破30家。通信：在电信行业，我们已经有自己的行业独家代理以及成功案例。娱乐：ZETTAKIT为国家的相关行业主管部门提供监管服务支撑，同时为游戏厂商产品的设计和开发提供大数据支持，基于此，ZETTAKIT最近投资了一家公司，主要致力于游戏云和VR（虚拟现实）。未来，ZETTAKIT会将二者整合，即通过VR把游戏搬到云上，让VR大规模地进入游戏领域。

查乾透露，ZETTAKIT投资游戏云和VR的最大动力在于，其GP（一般合伙人）在全国拥有几万家网吧资源。众所周知，网吧的设备是重资产，且淘汰速度很快，因此要做的第一件事就是让网吧去掉主机，仅保留显示器、鼠标。以南京为例，我们将整合200多家网吧，并建立了能辐射100多公里范围的私有云数据中心；2016年这个数字将达到1000家；2017年将达到5000家。

网吧过渡到游戏云模式最难解决的两件事情就是成本和服务器端渲染计算：在切入网吧市场后，需要建超融合云数据中心降低成本，才能把将VR接入网吧。查乾坦言："如果我们数据中心的成本比网吧的综合成本还要高，那切入网吧市场就没有意义了。"对于让业界一直头疼的服务器端渲染计算，ZETTAKIT有自己核心的GPU算法体系。在南京的实际场景中，ZETTAKIT数据中心将游戏直接分发到异地的网吧终端，各种大型交互式游戏的运行非常流畅。

当整合到上万家网吧规模时，每年至少会有数十亿人次以上的入口数据流量。要改造上万家的网吧，就意味要在几十个城市建设私有云平台，这给ZETTAKIT的发展注入了强劲的动力。查乾强调："我们不做游戏，只做游戏运营的技术支撑。好处在于，网吧老板挣钱了，游戏厂商也有了分发出口，未来游戏大数据前景广阔，值得我们抢先布局、为之一搏。"

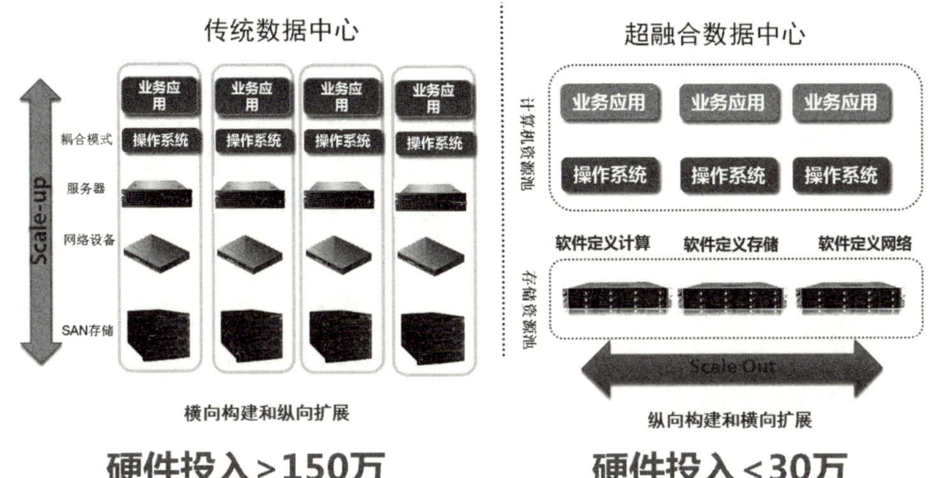

超融合数据中心提升价值

查乾表示，让VR进入网吧原因在于，VR最容易切入的一种场景就是游戏，这样才会有完全沉浸式的用户体验，这也是ZETTAKIT投资游戏云公司的原因。依靠网吧的场景，VR的内容会越来越丰富。“VR是全沉浸式的，因此不局限于用来做游戏，还可以做许多其他的内容服务。下一步VR需要进入C端市场，这是我们共同规划的一部分。目前，国内的超融合厂商中能够形成完整生态链应用的，我们应该是比较突出的一家。我们的布局不会只在IaaS层超融合产品，还有向上打造Pass、SaaS层完整的云计算生态应用，这点我们跟达晨非常一致。”

未来VR生态必将形成，只是时间的问题。

如何保持竞争力

2014年，查乾与合伙人一起成立ZETTAKIT，在不到两年的时间里，ZETTAKIT在业界已具备一定的品牌知名度。在查乾看来，ZETTAKIT虽然不是国内首家做超融合的公司，但一定是国内最早聚焦超融合的团队。

云计算厂商数量分布呈倒三角，IaaS（基础设施即服务）在最下端，PaaS（平台即服务）在中间，SaaS（软件即服务）在顶端。“作为IaaS层的云计算公司，我们需要对技术进行沉淀和创新，才能拥有安身立命之本，才能更好地运营。”查乾道出了保持竞争力的关键所在。

运营模式和互联网市场的特点密不可分。查乾分析道，在互联网市场中，2B市场的特点在于不会一家独大，或者一家独存；2C则不同，2C可能只有两三家最后胜出。中国2B市场足够大，众多行业细分市场，且2B市场的超融合是IaaS的架构，本身没有行业限制，因此业绩规模发展不会遭遇瓶颈。但从云计算市场的角度来看，中国90%的数据中心基本还是传统架构。查乾直言，在超融合已成大势所趋的环境下，我们需要做的就是辛勤耕耘。

也许五年后，超融合的架构也会成为过去。查乾认为，要在越来越快的更新迭代中保持活力和竞争力，需要拥有足够的资源环境，不断测试、研发新产品。查乾透露，ZETTAKIT在完成本轮融资后，将投入800万到1000万成立"云计算创新架构研究院"。"这是一件值得追求、比上市还让团队兴奋的事情！"信念可见一斑。相信有不断的创新作为后盾，ZETTAKIT未来的路将走得更加稳健。

ZETTAKIT 商业模式

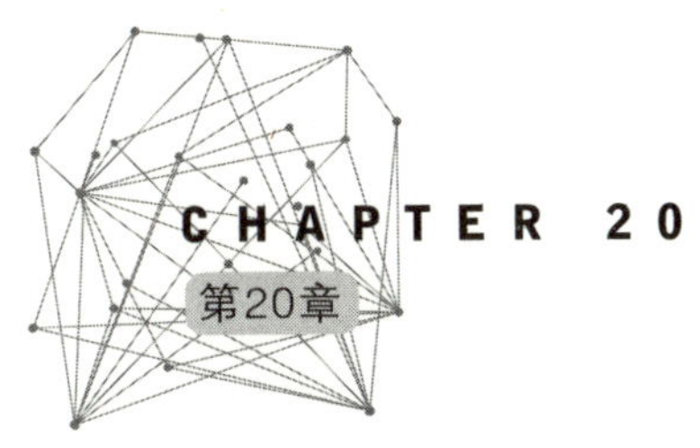

中奥科技：聚焦公安行业　深挖数据价值

一招鲜，吃遍天，凭借着对公安领域大数据的深度挖掘，杭州中奥科技有限公司（简称中奥科技）从最早的系统集成、软件开发，到数据分析与挖掘，再到整体咨询服务，正一步步实现着大数据时代的华丽转身。

大数据和云计算已成为技术发展和应用的趋势，特别是伴随着互联网时代的到来，大数据更是成为了炙手可热的“新能源”。大数据技术成为推动行业应用及商业模式创新的重要驱动力，正在驱动社会各行业的应用创新。因此，无论是IT大鳄，还是创业新贵，都将目光聚焦在了大数据这块蛋糕上。

那么，谁更能有效利用这一“新能源”，开拓市场，建立差异化竞争，立足大数据市场呢？凭借多年来的技术积累和行业实践经验，中奥科技有着自己的解读。

立足行业　积淀创新

2008年奥运前夕，中奥科技在杭州成立，早期的技术团队在系统集成、软件开发，包括数据中心搭建等方面积累了不少项目经验，也是比较早一批涉足公安领域的IT服务商。凭借其在研发方面的大量投入，以及对前沿技术趋势的把握，几年来，中奥科技迅速发展。围绕“智慧科技运营服务专家”的目标，中奥科技依托云计算、视频物联网、大数据、移动互联网等技术，专注于数据、地图、视频、运维、移动应用等产品开发与系统运营，并在智慧警务、智慧交通、智慧安防、社会数据公共服务系统建设方面发挥着价值。

据了解，2011年以来，中奥科技与电信运营商合作，建设了覆盖杭州主城区主要路口、绕城、区县、省际和市际重要点位的杭州市智能卡口系统，实现了道路车辆的限行禁行、实时监控、综合查询、轨迹跟踪等应用，为杭州市的交通管理、车辆查控、非现场执法、可视化指挥等提供了有力的数据和应用支撑，提升了城市交通管理、治安管理和应急指挥管理水平。

也是从那时候起，中奥科技开始从战略上转向对大数据的关注。对此，中奥科技董事长骆锴道："其实，大数据这个概念是近几年才开始火热的，之前并没有，但对于长期关注的公安领域来说，数据采集、整合、分析、检索一直是行业的需求，并且随着数据量的不断增多、数据类型的日益丰富，建立数据模型，发现、挖掘和提取新的数据价值，提高业务效率成为中奥科技一直主抓的工作。"

其实，在战略上转型大数据也是中奥科技顺势而为的表现，这个"势"便是传统的"I.O.E"架构给企业的IT成本带来了巨大的压力，而且随着数据量的激增，传统架构已经无法满足使用需求。面对这样的问题，企业需要新一代的大数据解决方案和数据分析产品，来提升他们的数据运营能力，利用数据发现新的业务价值。

公安这个特殊领域，不仅非常符合大数据"真实、海量、多样、价值"的基本特性，还与业务的联系非常大。基于这样的特点，公安领域的大数据应用更加落地，因为每一个数据分析和应用都直接对公安领域的业务产生作用。

骆锴介绍："就像在浙江省厅做的一个系统，我们搭建了一个大数据平台，它整合了275个系统，也就是某一个人在那个系统里涉及的项目数量大约就有100多项，包括这个人的衣食住行等在城市的轨迹全部被收集在其中。这个平台形成一个大的数据库，为之后犯罪分析和破案提供基础的数据参考，而最重要的是这些数据都是每个人真实有效的数据汇总。"

其实大数据在公安领域应用的更深层次是事前预测，比如，预测犯罪，通过数据的分析，起到事前预测和打击犯罪的作用。这种事前预测还表现在智慧交通的应用上：什么地方会堵车，为什么会堵，堵点在哪等，人们可以通过手机、电脑、PAD等多种终端，以电话、网站、APP、微信等多种形式获悉实时路况，提前优化出行的时间、线路和方式。

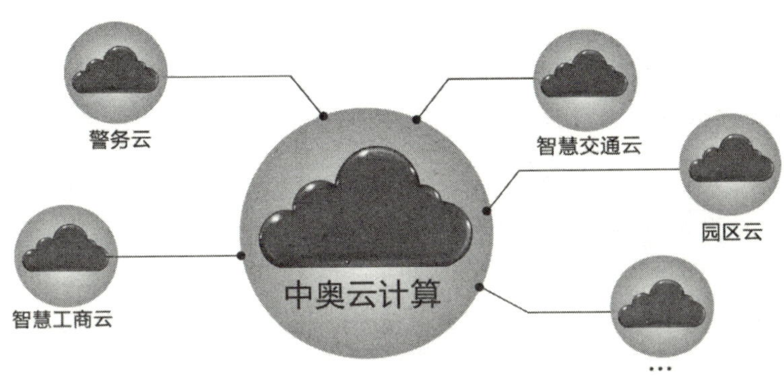

中奥科技云计算生态

“在我看来商业上用得更多的可能是精准营销，比起这些炫酷的数据应用来说，公安领域的大数据应用非常实在，如果从一般商业模式的角度来理解，对于公安领域来说，所谓的‘赢利模式’就是破案，这对于公安系统来说就是最大的数据价值。”骆锴如是说。

以点带面　开拓市场

在浙江公安领域的多年积累和实践经验让中奥科技有了走出去的决心和信心，一方面有了在浙江的“样板工程”，走出去就有了坚实的基础，特别是全国各城市都在积极加强公安领域的信息化建设，市场前景和行业应用非常广；另一方面，中奥科技需要在研发上不断地投入以保证技术安全、可靠、领先，但浙江的人力成本较高，走出去到人力成本较低、院校人才充沛的省市建立研发中心就成了一条必由之路。

在开拓市场、走出去的同时，选择合作伙伴至关重要。“我们选择合作伙伴的核心是围绕我们的业务进行补强。第一方面：在业务上加强理解，比如与中国公安大学进行合作，在反恐、刑侦等业务模块上加强理解，使得我们在IT支撑和创新上有所完善；第二方面：聚焦具体技术的行业应用，比如，我们会跟国内主要的一些大学合作，学习相关业务涉及的模式算法，使得我们在智慧交通、视频大数据等应用方面获得提升。”骆锴如是说。

除了通过合作伙伴来补强中奥科技在各方面的实力外，中奥科技还在商业模式方面进行开拓创新，这表现在对2C市场的布局。据骆锴介绍：“实际上去年我们跟公安部的一些科研机构合作，已经在尝试做互联网身份认证的一个应用，未来还将做更多的尝试，因为2C市场大数据发挥的空间会更大。”

其实就中奥科技目前的业务结构分析，90%聚焦在公安领域，是针对某一个地市的公安系统做IT保障，相当于2B业务，以后如果把2C的市场与这部分对接起来，将会产生很大的价值。比如，大数据平台中每个人的行动轨迹数据，都是事实发生过的真实数据的记录，目前在公安系统内部应用，未来可以在征信、保险等方面去做创新商业模式。但骆锴强调，在连接两块业务做创新的同时，一定要保证数据的合规、合法，而这也是当前真正制约大数据发展的一个根本性的问题。

咨询服务　华丽转身

目前中奥科技已经获得了较好的发展，但这种发展并非是一成不变的，想要成为常青树还要不断将转型创新的“基因”深植其中。随着国家在反恐领域、维稳领域、安全领域的投入与重视，中奥科技也在这样的机遇下获得了前行的动力：从2015年开始，中奥科技走出浙江，已经在新疆、内蒙古的公安领域扎根，2016年又走到了云南、山东，预计在2016年还会有四到五个省的拓展。可以说中奥科技将浙江的经验和最佳实践带向了全国。

而事实上，公安领域大的业务构成是相同的，但特定到省市的特色、不同的警种、在业务上却是千差万别的。就以浙江为例，浙江的反恐是有人打着旗帜到浙江制造恐怖事件，但云南的反恐就跟浙江有点不太一样，云南的反恐很多是通过云南越境去完成的。

“当我们不断去总结公安领域的业务差别、共同点后，我们就有能力和信心转型做总体的咨询。”骆锴说的这个总体咨询不限于某项业务、做某个系统，而是整体的IT咨询，并且会结合目前公安业务的现状、遇到的瓶颈，提供一整套咨询规划，包括选择何种技术手段、何种架构、IT部署模式等，在这个整体的咨询框架下，中奥科技会给出选型的建议，帮助其整合最好的产品和资源，最终整体为公安的业务带来一个提升。

骆锴非常自信，谈到在公安领域的成功，他也毫不讳言：“我们的成功点很简单，就是精准地理解业务。我们很多的开发人员都是聚焦公安领域超过十年的工程师，这样的业务理解力和行业纵深度是别的公司很难赶超的，因为技术归结到最后相互之间的差距非常小，差异化的竞争和实力都是表现在与业务的结合上。”“对公安领域来说，我们只是把业务凝聚得更深。”

近期，中奥科技与浙江省公安厅科技通信管理局、经侦总队等多个警种，以及杭州市反恐办、交警支队、浙江公共技术安全研究院等合作，将中奥科技的大数据产品广泛应用于社会治安综合防控、大情报、交通管理、反恐实战、应急指挥、智慧安防、政务数据和社会数据服务等多个领域。

总体来看，大数据时代也给中奥科技带来了巨大的发展空间。过去，中奥科技是根据用户的需求，被动地提供一些技术和数据服务，而如今，随着数据应用的深入，中奥科技对用户的需求更加了解，早已变成主动出击。随着技术力量的大大增强，中奥科技已在智慧警务、智慧交通、智慧安防、社会数据公共服务系统建设与运营服务领域，跻身于行业前列。

最近两年，为满足社会数据服务需求，中奥科技扩大了数据、地图、视频、移动应用等产品的应用范围，推动政务数据的公共服务，以及社会数据和互联网数据的深度应用，满足政府、企业、家庭、个人等在智慧政务、智慧出行、企业和个人征信、互联网数据分析等应用要求。

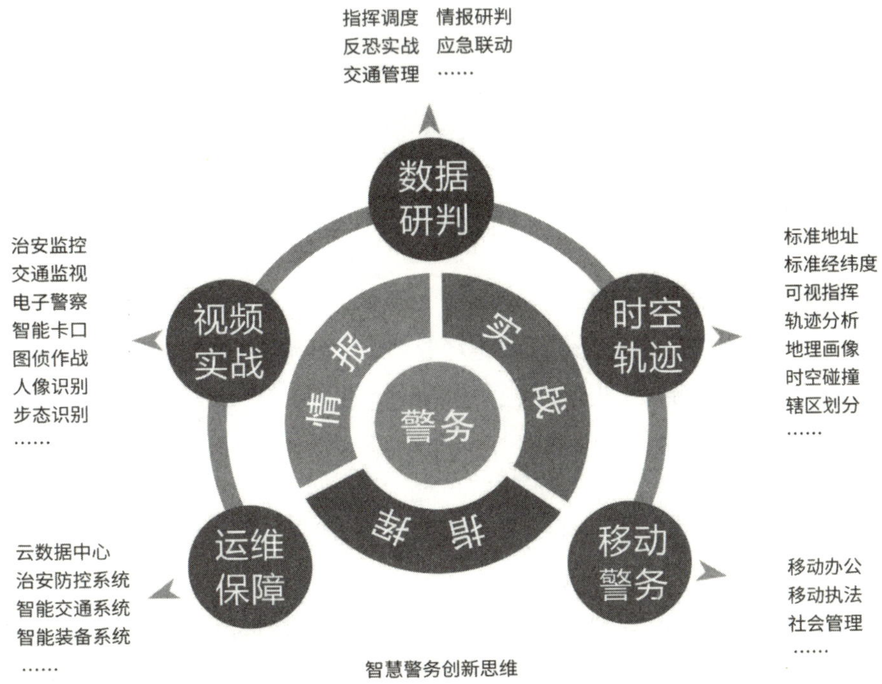

中奥科技智慧警务创新思维

R7：数据智能融合开启完美大数据时代

“在PC互联网时代，我们大概比国外落后30年；在移动互联网时代，我们大概比国外落后5~10年；而在大数据时代，我们跟国外基本同步，甚至在某些应用方面超过国外。”翱旗创业（北京）科技有限公司（简称“R7”）高级副总裁张大伟认为，我们在大数据时代已捷足先登、积累优势。

大数据的应用情况如何?

目前，大数据在公安、金融、政府行业都有比较深入的应用，除行业自身的特殊要求外，大数据也带动了相关行业的需求。

三大数据阵营各有千秋

张大伟认为，大数据分为如下三个阵营。数据拥有者：如电信、金融、政府、大型国企等，是拥有大量数据资源的阵营。数据应用、服务者：如做舆情分析、分析展现、预测、用户画像、精准营销，是基于数据为客户做相应行业应用的阵营。数据核心技术拥有者：如国外的Oracle（甲骨文）、IBM，国内的南大通用、达梦等，是拥有核心技术的阵营，翱旗也在此阵营中。

数据拥有者的优势主要体现在“量大”上。中国人口总数很大，因此对数据的需求量非常大，而数据拥有者有全面的、多种类的数据。从这个意义上，数据拥有者具有非常大的优势，而且相比国外这种优势更为明显。

数据应用者的优势主要体现在“市场大”上。相比国外，中国行业种类及相应细分市场较多，数据应用市场空间大，所以数据应用者具有一定的市场优势，而且政府的扶持使得该阵营更加庞大。2015年，政府提出“大众创业、万众创新”，大量创业者都聚集在数据应用阵营中施展才华，可谓集思广益、百花齐放。另外，政府提出适度开放政府数据，让其利用这些数据做相应有价值的应用。因此在市场和政策上，该阵营都占据优势。

数据核心技术拥有者相比国外仍有一些差距。目前，国内真正做数据核心技术的企业并不多，而原有的数据核心技术基本上都在国外。但随着中国政府空前重视中国IT系统自主可控和信息安全，更多软件开发人员更有信心和动力去研发核心技术，促使这个阵营迅猛发展。可以说，数据核心技术拥有者是现阶段最受益的阵营。未来，随着大数据应用的不断展开，这个阵营将具有强大的冲击力和创新力。

“所以我认为三个阵营不分伯仲，都在不同层面拥有各自的优势。”张大伟如是说。

R7属于数据核心技术拥有者。“我们利用产品和技术优势，将在纵深方面发展。如我们在做智慧城市和产业联盟时，不仅为企业提供技术平台，还共同合作运营一些项目，可以利用合作运营中掌握的数据为企业创造价值。”张大伟介绍说。

商业模式多样化

随着对政府行业、金融行业、电信行业、交通物流、大型企业、医疗卫生、教育机构等行业的了解逐渐深入，R7组建了一批研究行业数据应用的专家，致力于上下通道的打通和产业的延展。

众所周知，各公司核心技术的研究方向各有不同。如南大通用、达梦的研究核心是数据库，还有一些公司主要研究大数据应用。“而我们研究的是怎么打通数据，实现数据的智能融合。在国内，可以实现各种数据库、数据类型异构间实时、自动与智能融合的，只有我们一家，在国际上我们也是领先的。”张大伟讲述了R7研究的专注点。

张大伟介绍道，R7的产品布局符合当下IT行业的三大市场，即基本上按照本地化、混合云、SaaS公有云进行部署。

第一类：本地化部署。类似于软件的售卖方式，即用户购买了软件，然后在本地的局域网内或系统的局域网内进行部署，完成数据交互功能。这类产品有专门针对数据库的DIP（数据集成交互平台），也有DAMP（数据资产管理平台）。其中，DAMP是智能化的企业数据资产管理与集成，包括企业数据资产发现、数据资产定义、数据资产生命周期管理等。

第二类：云平台方案。目前，城市和行业等都是按私有云部署，因此，云平台方案主要针对私有云客户。在这个层面，R7数据融合引擎（R7-DCE）是R7首创的、拥有自主知识产权的方法论，主要应用于智慧城市、智慧行业和大数据应用等行业用户，帮用户将不同部门和机构的不同数据格式、类型和不同的数据库品牌进行梳理、关联、融合，再总结出不同的主题库。R7-DCE的数据处理比较复杂，基本上是以云架构的大平台的方式进行，因此具备可扩展性。目前，R7-DCE在一些智慧城市里应用较广。R7-DCE构建起从数据产生到应用的整套机制，是解决智慧城市现阶段建设中数据共享性差、利用率低、差异化、多样化、资源开发程度低等问题的主要方案。

第三类：公有云服务。公有云服务将上述产品按照云化的方式进行公有云的部署，然后以服务租赁或者公有云的运营方式面向更广阔的用户，让用户更方便地获取R7的服务。2016年1月，R7产品云化已正式服务，并已拥有一些用户。

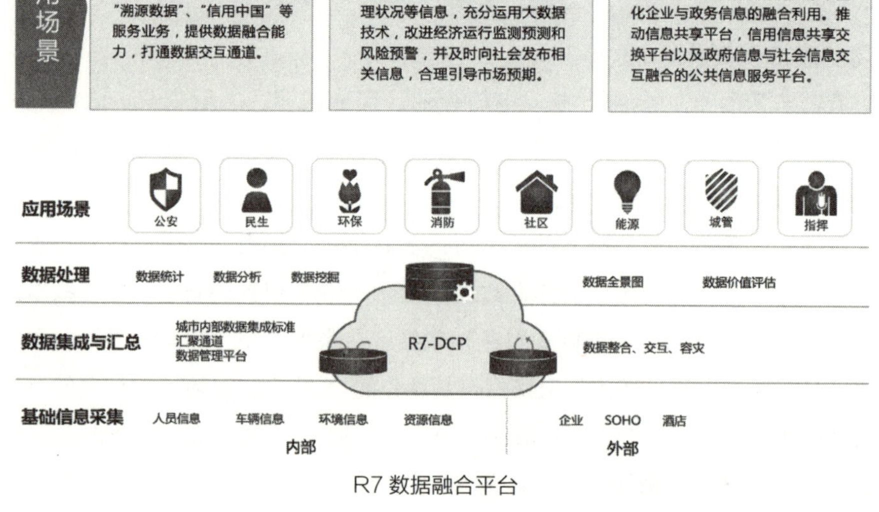

R7 数据融合平台

“我们发现很多客户有类似需求，但由于缺少技术储备无法实现本地化部署。”张大伟讲出了R7部署产品云化的动因所在。R7可通过云的方式为客户提供更便捷的数据交互。“而其他公司很难将产品做成云化，而我们做到了。我们希望国内对数据交互有需求的用户都能得到我们的服务。”张大伟如是说。

公有云的安全性问题一直饱受诟病，因此R7一直将安全作为重中之重。R7的公有云只是一个通道，R7只负责数据流转工作。“可简单理解成快递员。顾客要寄快递，快递员到顾客处取件，送件过程并不打开快件，只是按要求送至目的地，且整个通道都是加密处理的。”张大伟形象地分析了R7的公有云如何保障数据安全传递过程的“万无一失”。

张大伟还表示：“基于R7的三大主流业务，我们已经开始着手布局‘数据智能化’的生态体系，以自主研发的技术服务于全领域客户，并在其过程中通过‘数据智能管理平台’的方式，帮助中国的各政府部门、各行业企业实现真正意义上的数据交互化、互联网化、智能化。”

收获“天时、地利、人和”

R7成立5年来，一直专注于与数据相关的基础关键技术和创新服务，主要在数据的交互、采集、存储、管理、融合、分析挖掘、可视化方面进行产品的研究。从客户布局看，政府排在第一，大概占60%左右；金融排在第二，占比20%~30%；其他为企业和医疗。

R7在2016年上半年的营收已超过2015年整年的营收，主要有两个原因：内部原因在于，2015年年初，R7在获得达晨创投的投资后扩大了规模，目前在北京、上海、广州、成都、西安、乌鲁木齐都建立了办事处，并在河南创办了分公司，营业范围基本上覆盖了全国。另外，从2014年开始R7就在行业深耕，经过两年的沉淀，很多项目开始见效或正式上线，大大增加了营业额。另外，随着产品的推广及典型项目的实施，R7积累了大量成功的案例，有效地提升了企业竞争力和价值，这对增加营业额大有裨益。“很多客户是主动来找我们的！”张大伟道出了“人和”的重要性。

中国政府对大数据市场的推动是关键的外因。特别是2015年《促进大数据发展行动纲要》颁布之后，各部门、各行业对数据的关注度大幅提升，大大推动了大数据的发展。我国大数据发展的宏观政策环境日臻完善，这对于R7的快速发展可谓“地利”。

R7 数据集成平台特点

2015年，R7将30%~40%的资金投入到技术研发，且这个比例将逐年增加。2016年，R7计划将一半以上的收入投入研发。“我们几条产品线同时进行研发，加之我们研发的技术较高新，在国内可参照的不多，需要跟国外进行交流和研讨，因此会产生较大的投入。”张大伟解释道。

“我们在研发上不遗余力地投入，这并不意味着看到有什么就去研究什么，而是指我们不断研发产品，并根据大数据的不同发展阶段推出不同的产品。”张大伟强调了R7研发战略的立足点。

未来，R7将在突破自动化上发力。“我们现在看到的很多智能产品，其实只是实现了自动化，与真正的智能还有一段距离。我们希望在数据处理技术上能够突破自动化，为客户提供智能、方便的产品和平台。”张大伟道出了R7未来的战略。

转变观念天堑变通途

目前，大数据产业发展仍有一些困难和阻碍，张大伟在做项目的过程中总结出如下三点。信息发展不均衡：DT建立在IT之上，IT的不完善可能导致大数据应用遇阻，因而真正落地的应用较少。部门壁垒和制度问题：国内各监管部门较复杂，要全面打通各部门横向和纵向的数据存在一定困难。“政府正在做相关的引导和规范，这个困难只是眼前的。”张大伟对此表示乐观。数据开放程度不够：目前，信息孤岛的情况仍然较严重，各部门都喜欢把数据掌握在自己手里。“尽管不知道怎么用，也希望留在自己手里。”张大伟直指这种观念不利于数据的开放和融合。

天堑亦能变通途。“只要人的思路做相应的转变，这些阻碍国内大数据发展的大山将化为乌有。”张大伟再次指出观念转变的重要性。只要转变观念，国内大数据的发展之路将会更加顺畅，前景更加令人期待。

AMT企源科技：打造中国咨询服务业的“优步”

在中国的咨询服务业市场，AMT（上海企源科技股份有限公司，以下简称AMT）是少数能和埃森哲、麦肯锡等国际咨询巨头正面抗衡的国内咨询服务企业。在AMT研究院院长葛新红看来，AMT之所以能够做到这一点，和AMT对于行业业务、趋势的深入理解及对产业发展方向的清晰把握有着密不可分的关系；而AMT定位基于IT的现代咨询业，使AMT在“互联网+”咨询领域更具有了先发优势。

大数据战略规划很重要

对于IT咨询服务，可能大多数人的理解还停留在如何用ERP、CRM等系统去支撑企业的管理，但在AMT看来，随着IT技术在企业中所起到作用的不同，IT已不仅仅只是一种技术，更是成为了企业的一种必需生产要素，并且与企业的业务和商业模式紧密融合。IT在企业中形态的变化，也使得IT咨询的内涵发生了改变。“现代的IT咨询服务，已不仅仅是管理信息化那么简单，而是通过技术来驱动管理和业务的创新，进而实现技术到商业价值的转化。”葛新红分析道，“所以，我们对IT技术应用的创新和发展一直十分重视。”

而作为一项新兴的IT技术，大数据对于企业业务和商业模式的创新驱动是十分明显的。因此，早在几年前，AMT便对大数据技术的应用十分关注，并且进行了深入的研究和实践。

目前，虽然大数据的理念价值已经得到了企业用户的认可，但如何切入大数据，对于用户而言，仍然是一个困扰。

对此，AMT研究院认为，企业在采用大数据之前，首先要做好大数据战略规划，弄清楚企业大数据建设的目标、蓝图和路径。而在大数据战略规划中，蓝图又是其中的核心。

具体到蓝图，AMT将其分为四部分。

一是应用蓝图，即如何将数据资产转化为商业价值。这里又可以分为两类。

一类是基于大数据的商业模式规划。葛新红表示，这方面和传统企业的互联网转型直接相关。“传统企业向互联网转型，很重要的一个方向就是打造产业互联网。例如AMT提供咨询服务的鲜易网，就是其中一个典型代表。通过互联网，他们建立了一个生鲜的供应链集成服务平台，把整个生鲜产业链上的资源集中到这一平台上，同时平台也为产业链上的企业提供技术服务、数据分析服务等。”在葛新红看来，目前很多传统产业中，都在发生类似的转型和变革，而AMT也正在帮助这些企业完成向互联网的转型。“而要形成产业互联网，其底层的基础正是云计算和大数据，所以我们会帮助企业完成基于大数据的价值链延伸和商业模式创新，使企业数据资产的商业价值能够得到更好的释放。”

第二类是基于价值链的大数据应用场景规划。大数据能否真正落地、真正产生价值，归根到底还是要与应用结合。“AMT会帮助企业沿着企业的业务价值链分析不同业务场景中如何应用大数据实现运营优化和决策支持，如在研发环节如何通过大数据促进产品创新，在生产制造环节如何通过大数据分析提升产品质量和降低设备缺陷率，在营销环节如何实现基于大数据的精准营销等。结合业务场景设置大数据的应用模型，使大数据在企业从概念落地到与业务紧密结合，真正产生业务价值。”葛新红说道。

在应用蓝图之后，则是数据蓝图。所谓数据蓝图，即要实现企业的应用需求，需要什么数据？数据的获取途径是怎样的？对于企业的内部数据，需要结合企业的业务流程和IT系统优化，实现“在信息来源地一次性地采集信息”。而对于价值链上下游以及社会数据等，则考虑采取异业联盟、外部购买等不同的数据采集策略。

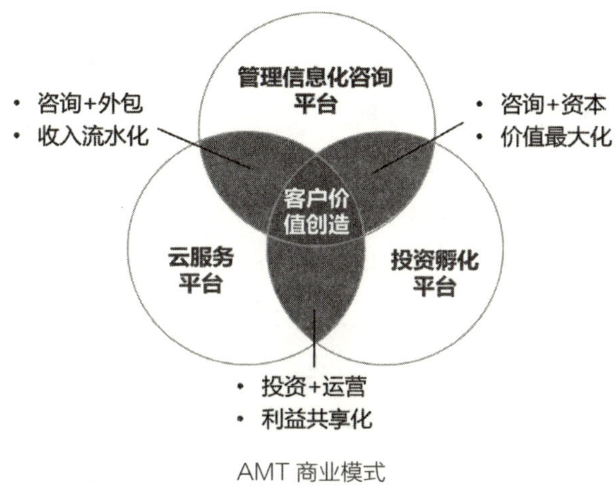

AMT 商业模式

数据蓝图之后是技术蓝图。也就是要实现上述的需求，需要什么样的IT技术平台和工具作为支撑，具体如何进行选型，不同IT平台工具间如何集成等。

最后是运营蓝图。“所谓运营蓝图，就是如何将大数据应用常态化，比如如何培养大数据人才，如何建立相应的大数据分析应用和改进提升的流程与考核激励机制等，使大数据运营成为企业的一项可持续的重要日常工作。”葛新红介绍道。

“规划完成之后是如何落地，我们会帮企业将蓝图的实现分解为具体的实施路径和行动计划，并和合作伙伴一起，来帮助企业进行逐步的辅导落地。”葛新红说。

说到合作伙伴，其实在大数据领域，做行业应用的IT服务商很多，那么，与这些企业相比，AMT的优势或者说不同又体现在哪里呢？

“前些年做管理咨询时，也经常有人问我们，和SAP、ORACLE等ERP厂商相比，我们的不同在哪里？为什么用户实施了ERP厂商的软件，还要请AMT去做咨询规划？我觉得IT厂商，更多的是从技术和IT实施的角度来和用户沟通，但很难将其转化为真正的商业价值，很难与企业的战略和业务进行对接。而AMT的优势在于我们对战略、业务、流程更敏感，所以我们更关注企业业务和战略层面的梳理和变革。而IT技术是为企业的业务和战略发展服务的，因此在采用IT系统之前，企业是需要咨询公司从业务战略、业务管理的视角进行梳理和规划，从而保证IT技术和业务的流程能够更紧密地融合。”葛新红分析道。

打造行业共享平台

作为国内管理咨询领域的领头羊，AMT在发展业务、更好地服务用户的同时，也在考虑如何推动整个咨询行业的发展。

“坦率地讲，咨询这一行业相对比较散，企业规模大小不一。有的做IT咨询，有的做战略咨询，有的做人力资源咨询，但对于用户而言，通常需要的是整体集成的解决方案和服务，因为，企业在不同的发展阶段，会遇到各种问题。所以，一两个单一咨询公司很难满足用户的整体需求，这样不仅会给客户带来问题，咨询公司自身的持续性发展也面临着严峻的挑战。”葛新红分析说。在看到行业发展的问题后，AMT开始考虑，是否能够找到一种方式将行业整合起来，为用户提供综合服务呢？

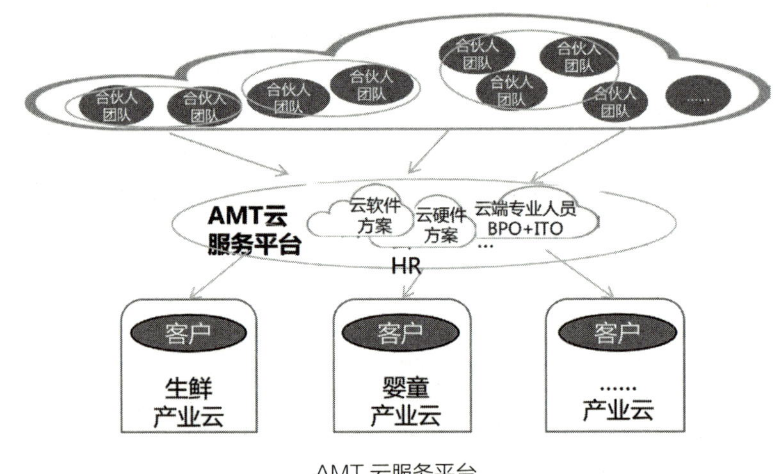

AMT 云服务平台

“基于这种想法，AMT决定打造一个咨询服务行业平台。”葛新红所说的平台，实际上就是通过事业合伙人的机制，将行业内的咨询公司和自由顾问整合起来，形成一个大的咨询服务平台。“我们将AMT打造成为一个可赋能的平台，整合行业内的咨询公司、个人顾问等资源，来为用户提供整体解决方案和综合持续服务。”据葛新红介绍，现在在AMT的平台上已经有近200个事业合伙人团队，这些团队的合伙人均在一个或几个细分领域有所专长。“接下来我们还会继续吸引更多的事业合伙人团队加入，形成一个咨询服务业的大的生态圈，我们的目标是打造国内咨询服务业的‘优步’。”

“优步”的共享经济模式已经广为人知。事实上，在优步的启蒙和引领下，共享经济模式已经席卷全球，国内也不乏这方面的成功者，如滴滴打车，估值已经达到几百亿美元。而AMT所打造的这一咨询服务平台，正是共享经济模式在咨询服务行业的一次具体实践。“AMT始终坚持以共享为核心的文化理念，在公司内推行从知识共享–资源共享–利益共享的平台化运营机制。现在，AMT的很多员工都已经成为AMT的持股股东。AMT将继续坚持平等公平、相互尊重、开放共享的企业文化，将AMT打造成为一个让有本事的人才心情舒畅、有所成、有所得的平台。”葛新红介绍说，在这一平台上，各事业合伙人团队既可以由平台分配项目，也可以自己开拓项目，还可以实现资源协同和交叉销售。而AMT也在不断构建和完善形成一个“赋能”平台。在这个平台上，不是简单地只做供需对接，而是通过一系列的基于互联网化的云管理和服务支撑，给加入平台的专家和事业合伙人去“赋能”，并最终为客户创造价值。“这种模式不仅有利于充分利用AMT多年积累的客户资源和品牌效应，同时通过‘众包+云协作’的业务模式，最大化地激发各事业合伙人团队的能动性，实现公司业绩的指数级增长。”葛新红分析道。

据葛新红介绍，目前近200个事业合伙人队伍已经可以覆盖客户需求的整个链条。同时，我们会进行定期的内部资源盘点，并和业内的发展趋势和方向进行比对，如果发现在哪些新兴领域资源薄弱，那么我们会立刻在这些领域招募合伙人加入，比如在云计算、大数据等领域。”

业内大大小小的咨询公司、个人咨询顾问至少有几万家，那么，AMT是如何进行筛选，来确定合适的合伙人呢？

葛新红介绍说，选择的标准一是看该合伙人的专业度，是否在某个专业领域有很深的积累；第二点也是AMT特别强调的，在以往服务客户的过程中，客户满意度如何。“这一点特别重要，因为一直以来，AMT就十分重视客户口碑，AMT现在所服务过的3000多家客户中，有70%以上都与AMT二次签约、长期合作。所以，如果该合伙人在客户交付满意度方面存在问题，我们肯定不会让其加入AMT平台。”

2009年，优步的创立掀起了席卷全球的分享经济浪潮，如今，分享经济模式已经在各行各业遍地开花。而AMT所要打造的咨询服务业的“优步”是否也能给中国咨询服务业带来巨大的改变，我们充满期待！

数联铭品：大数据护航BBD助力金融风险管控

随着互联网设备、互联网服务、社交媒体、传感器和用户在全球各地产生的内容爆炸式增长，原始数据量亦呈指数级攀升。庞大和复杂的数据使传统的数据软件难以应对，并急需新的方法来处理，各种大数据技术应运而生。据《2015年中国大数据发展调查报告》显示，2015年中国大数据市场规模将达到115.9亿元，增速达38%，预计2016年至2018年中国大数据市场规模还将维持40%左右的高速增长。整体上，大数据行业市场容量大，发展前景广阔。

紧抓行业痛点

回顾几千年来，从结绳记事到信息爆炸，数据，始终影响着人类的生活。特别是在金融领域，数据成为金融业的核心基础设施、同时成为整个行业的核心资产。大数据技术在判断金融趋势、量化金融风险、信用管理、并购投融资、资产配置等方面影响巨大。在这样的时代背景和行业趋势下，数联铭品一直在思索，大数据时代来临之时，如何用更专业的产品，改变用户利用数据的方式。

就数联铭品董事长兼CEO曾途观察，从2010年3月到2015年9月，整个制造业对于GDP的贡献持续下行，同时服务业却正在上升。服务业上升的时候，大量的轻资产、高成长的企业兴起，大数据企业属于新一代信息技术行业，也在不断地兴起。在兴起过程中，如何用一种新的风险评估体系或者定价体系来描述企业价值，实际上是金融行业普遍遇到的难点。

了解金融市场的人都知道，金融市场的核心是风险和定价，无论是债券、期货、大众商品、股票市场等均归纳于信用风险和市场风险。过去大多以财务数据为主、面对新经济行业的时候，大量的资产数据和财务数据的权重显得不是那么高的时候，问题出现了：我们如何用新的方法去对企业风险形成一个有效的评估？这也是BBD（数联铭品）一直致力于解决的问题。

据了解，目前数联铭品的产品已广泛用于银行、券商、PE、会计师事务所等金融机构以及律所、媒体等非金融机构，为全球客户提供大数据解决方案。同时，数联铭品依托自身大数据技术优势，旨在搭建第三方企业数据平台成为客户做出商业决策的必备智库。

而深入到金融领域，小微企业的风险评估是当今金融的痛点，如何用新的方法描述？在海量的数据中，不仅有公开数据还有授权数据，以及合作伙伴相互交流的数据等，这些数据如何在合规的框架下完成对痛点的解读，这是一个需要深入思考的问题。

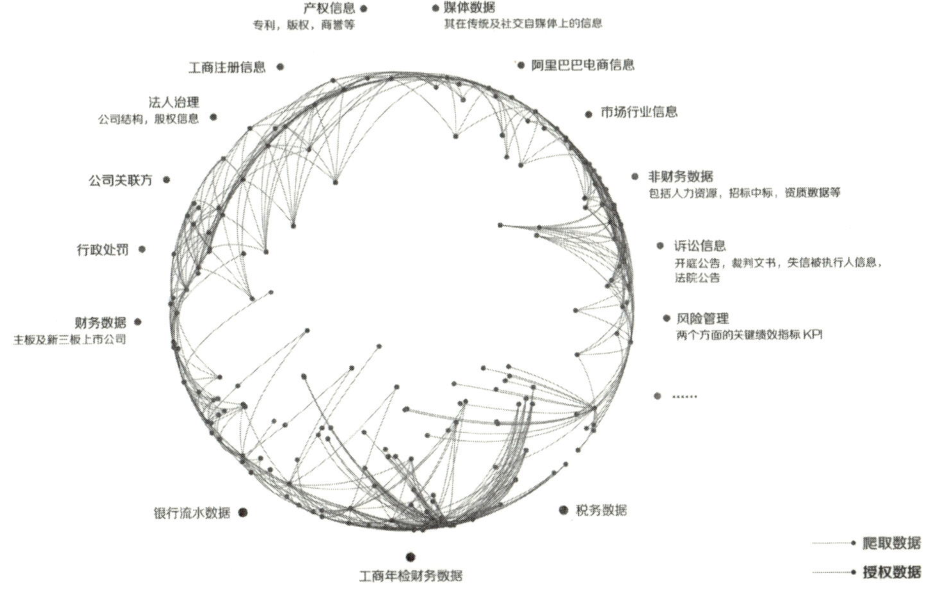

BBD 数据能力

BBD（数联铭品）围绕这些问题形成了一套从企业征信到金融市场风险和信用风险的产品，并与财新传媒联合发布了“万事达卡财新BBD中国新经济指数”，描述整个未来服务业和新经济的趋势问题。“BBD致力于成为一家专为中小企业信用评价提供解决方案的大数据服务商的引领者，我们试图去理解大数据对过去的痛点有什么解决方案，重新定义中小企业信用问题，并思考如何用新的方法产生变革，从而定义和实现金融服务的需求。”曾途说道。

助力业务创新

具体来看，目前国际、国内的会计事务所、征信机构、律师事务所和证券机构等，都在新的领域做一些转型，他们正在逐步成为基于数据分析领先的机构，但是他们都面临一个问题，对于轻资产、高成长的企业，该如何评估企业信用问题呢？传统来说是基于财务报表的评估，但当对这种类型的企业，财务数据的占比权重并没有那么高的时候，评估整个企业资产就要靠企业行为数据。那么，什么是企业行为数据呢？BBD研究了一套新经济企业的行为模型，建立了企业行为数据库，包括企业的基础信息、行业数据信息、法人治理信息、社交媒体信息等七个维度，这些行为数据构成了对一家企业本身风险识别的基础数据。

曾途强调道：“对于新经济企业的风险描述，我们试图通过企业全息画像，通过企业行为分析，建立一个新的企业评级模型，提供可靠的技术方案，从而实现对中小型企业或者新经济服务型企业进行描述，这就形成了我们要解决的问题。”

最终要解决什么问题呢？据了解，首先，要构建新一轮模型，解决了企业基础行为数据的问题，即企业画像的问题。在此之上，还要解决企业征信的问题。企业征信的问题本质上来说，是解决交易过程中交易环境和交易信息不对称的问题。如果信息不一致，就可能产生风险。

在解决征信问题的基础上，数联铭品利用公开的数据和授权的数据，跟银行一起解决评级问题。曾途强调：“当我可以跟你握手合作的时候，我需要了解你的企业的信用等级是什么，然后才能进入市场风险层面，所有的市场风险定价都是基于内部评级或者外部评级而来。”

大数据可以解决一个非常重要的问题，即动态的内部评级或者外部评级，这样才能够以更加客观的市场曲线去描述整个企业的资产价格。这些都完成之后，我们还要关注企业的操作风险，如果该企业要去做一些危害国家安全的事情，比如洗钱、非法集资等，也可以通过企业行为大数据去描述。

把这些从信用风险到市场风险再到操作风险进行完整描述之后，就形成了用大数据解决金融问题的理念和路径思路，也就是要建立基于企业行为的新的金融数据服务框架。把大数据结合企业行为建立新一代信用模型，从而解决企业本质上的评级模型问题，这是能看到的宏观方向。通过内部评级，在动态评级的基础上，数联铭品还完成了企业债券收益率的到期过程；通过定义的资产价格，完善了自主知识产权的整个定价模型，客观地还原了市场价格。

事实上，创新信用评估方法是基于BBD企业行为数据平台开发了全息式、模块化、可扩展的信用风险解决方案，在评估方法上具有颠覆性的创新。这种颠覆性的创新，是对企业的信用进行重新定义，即以企业行为刻画企业风险。以新经济企业为例，即高成长、轻资产、重研发投入的企业，这类企业的风险评估是中国金融体系甚至全球范围内所面临的一个难题。这样的企业按照传统的风险评估模型，需要资产信息但又无法得到。

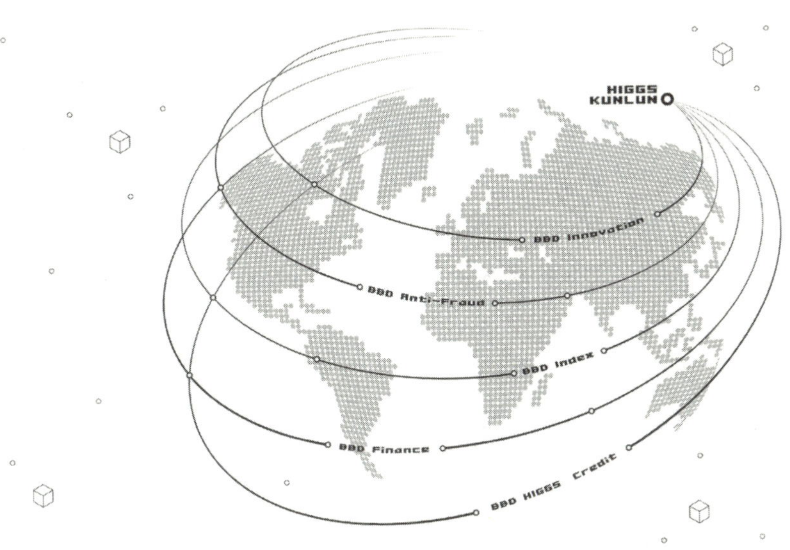

BBD发布了全球领先的HIGGS KUNLUN大数据运营平台，为产业转型提供大数据基础平台服务，包括BBD HIGGS Credit（全息画像识别企业风险）、BBD Finance（金融产品风险与定价）、BBD Index（大数据量化中国革新进程）、BBD Anti-Fraud（商业反欺诈平台）、BBD Innovation（大数据创新一站式服务）。

BBD技术平台

邦盛金融：破冰金融风险　大数据保驾护航

互联网金融依靠技术手段和渠道革命，突破了传统金融的垄断壁垒，金融从“高大上”走向普通民众，迎来了大众的普惠的金融时代。然而另一方面，这也给金融安全带来了极大的挑战。

随着互联网业务的快速发展，电子银行交易、网络购物支付不断普及，金融科技创新为我们的生活带来了诸多便利，但同时，一些金融风险和安全问题日益暴露，网络诈骗、金融欺诈等问题呈日渐高发态势。

在严峻的外部形势下，金融机构通过大数据智能化风控模型，打造“防、控、补”一体的电子银行全流程反欺诈体系，从事前、事中和事后主动加强网络金融风险管理尤为关键，而在这其中大数据技术起到了保驾护航的作用。作为一家致力于提供金融风险监控解决方案的公司，杭州邦盛金融信息技术有限公司（简称邦盛金融）不断进行技术创新、行业积累，追赶大数据浪潮。

厚积薄发　聚焦实时大数据

2010年成立的邦盛金融，并没有着急向外扩张业务，也没有做太多的市场宣传，而是花了三年多将近四年的时间做技术研发，集中精力开发一个海量数据的实时处理系统。那个时候大数据市场还没有像今天这样火热，甚至大数据的一些概念还没有在业内普及。

在这样的市场背景下，邦盛金融却选择集中人力、财力埋头开发底层大数据平台，这又是基于何种市场判断呢？对此，邦盛金融CEO王新宇解释道："当时在国内并没有毫秒级的处理系统（实时处理平台），当时我们看准了未来一定是有急速的分析需求，所以才花了三年多的时间研发，把底层的平台开发好。现在我们的实时处理平台可以做到每秒钟处理30万，每一秒钟都是对全量的历史数据进行分析挖掘，0.1秒钟就要分析完成结果。"

这样的判断除了对市场的敏锐观察，还有经验的积累，王新宇带领的团队主要来自于美国道富银行（State Street）的实时风控与合规部门。实际上在美国市场类似的应用是投资的合规检查，比如在股票下单之前，需要一个极短的时间做指令的实时合规检查，这就需要实时的数据处理。作为在金融行业深钻多年的技术团队，邦盛金融追求的是技术的极致，是毫秒级的数据分析应用。

而相比较而言，王新宇认为，当时不少金融领域的底层平台和技术更多被国外技术厂商所占据，更多的国内厂商只是开发一些应用，直至到现在一些所谓的大数据公司仍然在停留在应用层面的开发。并不甘心做这种角色的王新宇选择做自己，做拥有自主知识产权技术的平台。时间走到了2014年，邦盛金融基于这个平台开始做金融风险的实时分析，产品主要应用在银行、电商、保险、证券，以及涉及互联网金融创新的各个领域。由此，邦盛金融不断在行业里发声。

深挖行业 保驾金融安全

事实上，想要敲开金融行业的大门并非一件易事，系统的安全性、可靠性、可用性、可扩张性、恢复性，各种各样安全类的特性，都对IT服务商提出了很高的要求，包括团队对业务的理解能力、服务金融行业的经验积累，还有资源整合能力等。那么，对于邦盛金融这家年轻的公司来说，又是如何赢得金融客户的认可呢？

回忆起邦盛金融的第一个客户，王新宇介绍，2013年，连连支付这家公司开始涉足支付业务创新，但在交易过程中经常受到黑客产业链的攻击，渠道风险非常多，经常要通过关机才能应对这种风险，严重影响了业务的开展。

面对交易过程中的支付风险，需要进行事中的判断和风险把控，一旦到了事后损失就产生了，而且赔偿额度非常大，那么能不能用0.1秒、0.2秒就把风险挖掘出来，还不影响客户的支付体验？邦盛金融抓住了这个机遇。

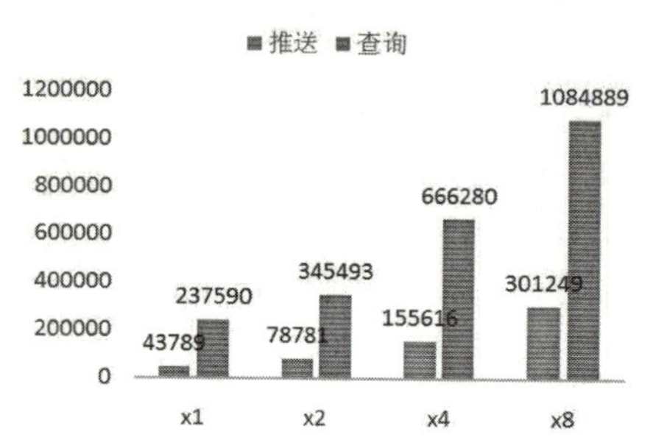

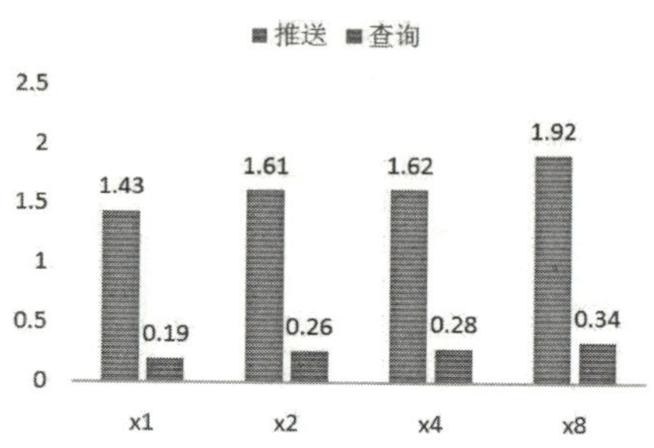

邦盛金融流立方性能指标

就如何找到用户体验与信息安全的平衡点，王新宇指出，通过实时风控一定程度上可以解决这个问题。从人类感知学来讲，实时风控如果判断的时间大于200毫秒，这件事情是不可接受的，同时，实时风控每秒又要面对上万笔的吞吐量，所以实时风控平台的技术门槛特别高。但有了实时风控系统，企业可以更自如地做产品创新、限额的调整。

在市场竞争过程中，邦盛金融不仅要与国内的老牌公司去做较量，还要去挑战国外的IT公司，但面对金融行业的风险监控，王新宇信心满满，这源自于邦盛金融的三个竞争力：一是大数据底层处理平台一直保持技术的领先，特别是在实时处理速度上，目前处于行业前茅，在行业应用的测试中表现突出；二是在国内已经做了几十家大型的金融机构，积累了2400多个适合于中国市场的风险监控模型，相比于国外的模型来说，在中国市场的适用效果更好；三是邦盛金融建立起了金融风险数据共享联盟，打造行业里的风险信息共享数据库，将大型金融机构所遭遇的欺诈风险、信息等纳入进来。因此，邦盛金融服务的客户不仅能享受其提供的平台和产品，还能共享行业的风险信息。

瞄准新技术　助力金融创新

在互联网的普及和大数据技术应用的浪潮下，越来越多的企业进入大数据市场掘金，对于邦盛金融来说，下一步的技术创新或者聚焦点又在哪里呢？

据介绍，邦盛金融主要围绕着流式大数据的场景，这需要在技术上不断提升，包括处理速度、智能化、机器学习、深度学习等方向上的完善。近年来，机器学习技术得到飞速的发展，在信息识别、推荐引擎等领域都取得了出色的应用效果。如何结合传统风险评估模型体系和机器学习技术，在保证业务逻辑和评分广泛应用的前提下，更加精准地评估风险已经成了新一代信用风险模型体系建设的核心课题。

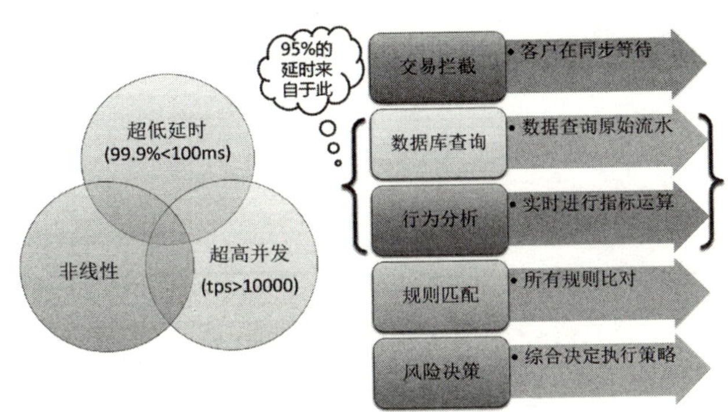

事中反欺诈的三大技术指标

王新宇认为，过去更多的大数据技术集中在分析存储的海量数据，形象点讲就是很多条的数据河流持续汇聚到大海中，只要分析大海中存储的这些数据即可。邦盛金融的技术聚焦在流式大数据的研究上，相应的数据分析就是在数据流注入大海的一瞬间就实现分析。目前来看，流式大数据的应用场景非常广阔，可以占到大数据市场的一半。

但王新宇也强调，这个场景的技术难度非常大，邦盛金融会一直朝着这个方向走下去，持续不断地进行研发投入。目前的实时处理平台，在金融行业可能达到每秒钟30万的处理速度就能满足需求，但是在军工、公安等这种更大规模数据应用的时候，就需要更加极致的实时处理。未来邦盛金融的实时处理平台还会走向更广阔的行业，会通过与合作伙伴合作，或者成立子公司的方式进行，但金融仍然是主打行业。

面对当前的大数据市场，王新宇冷静地判断："我认为现在中国的大数据发展阶段还是比较初期的。这个初期体现在几个方面：一，关于数据价值的深度分析、深度挖掘，当前更多是原始数据的一些简单的交换和共享，并没有体现到数据的智能分析。二，从技术角度讲，过去比较注重Hadoop这种传统的海量数据的处理，对于实时的大数据处理关注不够。"

关于未来的大数据应用，王新宇认为医疗、公安、军工、海关、物流、电信等这些领域的大数据会发挥非常大的作用，因为这些行业都有几个明显的特点：第一个特点是，他们积累数据的能力非常强，仅日常的运营就能产生大量的数据，这是一个典型的特点；第二个特点是这些行业通过大数据的分析，会直接对他们的业务和运营起到立竿见影的效果；第三个特点是这些行业涉及国计民生，都是市场需求旺盛的企业，对于IT技术的需求也会相对更加旺盛。

科技谷：掘金交通出行大数据

大数据异常火热，众企业“八仙过海各显神通”，然而想要抓住机遇，掘金大数据，还要向市场要答案。大数据这块“蛋糕”虽然又大又诱人，但是想从中分得一杯羹也并非易事，从科技谷（厦门）信息技术有限公司（简称科技谷）的发展来看，“天时、地利、人和”，可谓是缺一不可。

洞察市场做最好的自己

科技谷的成立孕育于2013年在美国硅谷圣塔克拉拉成熟的Agilone、Dataera公司下设的一个联合实验室。从这里起航，科技谷CEO陈思恩带着创业的梦想，将科技谷的构思、核心技术、应用实践等带回国，带到厦门。

为什么会选择厦门？这里面也有着陈思恩的深思熟虑。

其实陈思恩自己就与厦门有着不解之缘：陈思恩在央企民航信息系统建设领域有着近十年的工作经验，这期间陈思恩大量接触到有关交易、安全系统以及电子商务方面的技术应用，2009年，他决定在厦门大学管理学院攻读管理科学的博士。三年的博士生涯，使他接触到更多民航类的出行大数据研究，自此他更加笃定，民航这个行业是坐在数据“金矿”上面的。

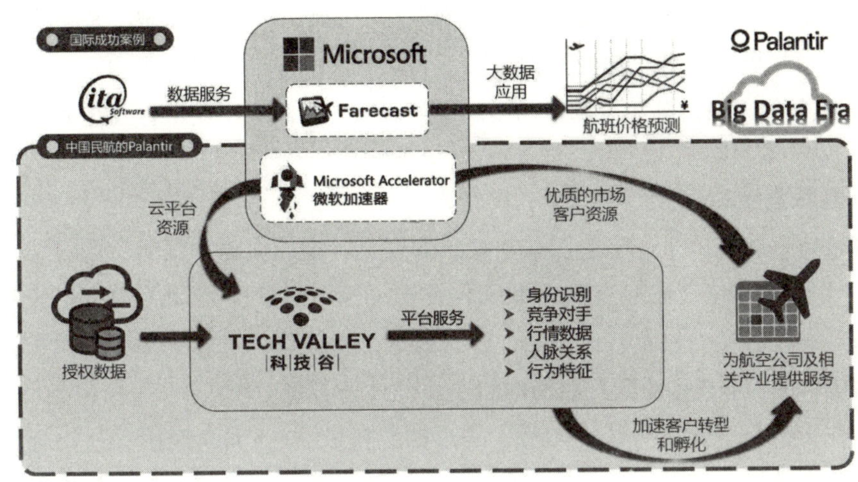

科技谷交通出行大数据服务理念

于是，在厦门大学读完博士后，陈思恩来到在美国成立实验室，也在这个实验室中积累了经验，紧接着他回国招兵买马，聚拢团队。“厦门的土壤不错，软件园也有了一些规模。一些做咨询服务的公司逐步在这里积累沉淀，创建更好的服务网络，深耕市场，科技谷希望在这样的环境下扎根、成长。同时，陈思恩也思考着如何把在硅谷研发的技术原型带到国内，生根发芽，去搭建适用于中国的商业模式。

陈思恩和他的团队经过市场考察发现，福建潜在客户在IT建设层面还处于数据仓库建立或初级应用阶段，想要与大数据技术匹配结合之前，还需要继续投入才能达到大数据系统的要求，这就导致服务前等待的周期太长。当时来看，还是北上广这些城市用户的IT应用层级比较高，按程度分，例如，在北上广能直接采用这套大数据方案的企业处于第四阶段，而作为潜在用户群的福建企业可能只处于第一阶段。

在这种情况下，陈思恩准备试一试，科技谷把国外的原型加上几个创始人自身积累的技术做成半成品，形成一个SaaS云端服务的Demo，向厦门市场销售。在走访了厦门一些大型企业后，陈思恩发现，大数据用SaaS的模式无果，私有云的服务仍然是主流，这与当时在硅谷实验室服务的客户群体有很大差异。

这种差异在客户中反馈得特别明显，陈思恩回忆道：“即使有最好的技术去做数据处理和分析，但一旦让客户提供数据放上来，他们就会觉得不安全，凭什么把数据交给一个小公司，如果把这个数据卖掉怎么办。当时的环境还是非常难的，更多的客户会考虑数据安全的问题，而且数据保护、隐私的条件不成熟，SaaS模式并不受欢迎。当时更多的客户需要数据分析，大部分大的企业都是在做自己的私有云部署。”在这种情况下，陈思恩和他的团队果断调整方向，聚焦在私有云这个区域。

刻画旅客全息视图

自科技谷成立以来，整个团队就把公共安全、智能交通、民航旅游这三个领域作为主要发展方向，是因为它们不仅具有相关性，而且受公众关注度也较高。但是，基于科技谷实力以及行业态势，陈思恩选择把民航出行作为重中之重来打造，并且希望科技谷能成为中国民航的Palantir。

为什么选择交通出行这个领域，陈思恩解释道："因为交通出行这个领域里面有很多的问题，有航空、陆运、水运，在这个领域我们会选择跟我们相关性比较强的，而且围绕人的出行，然后加上客户内部属性和外部数据来真正做大数据的事情，而且我会做一些跨界，比如说空铁联运，包括空巴联运、公路和铁路的联运，就是类似像这种方面，我会帮他去做混合，帮客户带来一些增值服务的价值。”

众所周知，近年来，大数据和云计算作为一种新兴的IT实现方式，给各行各业都带来了深刻的IT变革，与此同时，也为各行业带来了新的发展和机遇。民航的旅客信息量是非常庞大的，尽管航空公司有着含有大量旅客信息的数据库，但是这些数据只被用于支持特定的运营程序，并不会被用于商业智能的开发。而且，数据项目众多，存放和管理零乱，并未实现不同部门之间的数据共享，如何使这些看似杂乱无规律的数据产生商业与业务价值，正是民航企业提高营业收入与服务水平所面临的挑战。所以，只有通过对旅客的订票次数、订票人数、目的地等数据进行分析，才能寻找到高价值的旅客，从而进行下一步的开发计划。

陈思恩就目前的一些应用开发举例说："针对微信朋友圈的大量数据做正向和逆向来做评分，目前我们的平台集成了两种算法，可以实现帮客户形成他们内部交易系统里面的关系圈，正向对核心人物进行打分，还有一种就是通过他的关系网再逆向对他进行打分，打分完以后进行权重比例的分析，最后告诉他对某些业务上的评分，这时候他们的营销人员就可以拿着这个评分去做他的对接业务，最终航空公司可以提升他的官网转化率，由此再影响到他的业务和推出的产品服务做完善。”

其实大数据的应用在民航领域大有可为，主要集中在三个层面，首先是旅客洞察，记录与收集旅客的行为属性数据，刻画旅客360度全息视图；洞察旅客行为习惯，改进产品或服务；学习旅客消费偏好，制定个性化产品及产品组合策略；把握产品生命周期与旅客生命周期、精准营销、针对性处理。其次是社会化媒体营销，对网络舆情进行监控、挖掘客户对品牌的反映，对旅客身份进行识别，包括群体分布（地理、年龄、性别、兴趣等）和影响力传播。最后是为旅客定制行程图，通过大数据平台的支持，旅客只要登录航空公司网站，填好出发地、目的地、出发日期和人数、费用预算等信息，平台通过分析消费者以往消费行为，生成分析报告，比如旅客的消费档次如何，为游客提供个性化和高品质的旅行服务。

做中国的Palantir

几年来，科技谷的发展方向和聚焦的行业没有变，还是围绕交通出行做精准营销。即使数据量有海量的增加，科技谷拥有的标签系统及相关技术还能够反复地利用，主要解决的问题还是围绕它的一些营销场景优化，而在此基础上相关的数据服务和增值则通过合作伙伴来共同完成。

其实，对比国外特别是美国的大数据市场来看，陈思恩认为，当前国内的大数据产业发展还处在初期，很多宣称自己做大数据的公司并没有解决大数据的实质问题，而只是停留在做铺垫、衔接的层次。但美国的大数据公司做得很专业，每个专业的公司有很多的案例，它解决的问题也基本上是大数据问题。

据陈思恩介绍，美国的大数据市场分为三类公司：第一类，大数据掌控公司，很懂得在行业层面、战略层面到底怎么走；第二类，大数据中间商，手上有大量的大数据和大部分公司想要的外部数据，而且这些数据是合法化；第三类，大数据技术公司，在数据挖掘、分析方面有很深的技术积累。从目前看，这三类公司在中国大数据市场都有残缺，在整个生态链的形成上也还有差距。不过经过几年的市场竞争，大数据市场一定会迎来洗牌重构。

那么，如何在这样的市场环境中打造核心竞争力，在市场洗牌后不被市场淘汰，陈思恩早有定夺：“我们还是会根据市场的发展审时度势，会挑选一些对我们真正业务上有帮助的、实力强的合作伙伴来合作，然后来增加我们的市场份额，达到共赢。所以这里面有三块业务，第一块是数据治理，第二块是数据的应用，第三块是数据的服务，我们的核心实力就是牢牢掌握住三个入口，在这三个入口上选择不同的合作伙伴来合作。”

此外，他还强调：“我们会在研发方面投入更多的精力和资本，既然要对等做中国的Palantir，那Palantir这种体系我们就一定得了解，我们有一个团队在硅谷，所以我们会把我们的技术不断地跟Palantir里面的一些技术核心对比，当然我们跟他们有很大的差距，我们会根据中国市场需要的交通出行的大数据技术研发出来，并且经过市场论证，再把它提升。此外，在市场爆发的时候，一定要在一个高速增长的市场上面，横向地切出一块，卡住关键的行业，并且保证它是可复制的、可以快速向市场扩张的。”

此外，陈思恩认为，大数据的发展要围绕几个方面进行：第一，不要太急躁，虽然大数据、互联网+这些技术应用非常火热，但是一切还是要循序渐进。另外，还要分清大数据产业和信息产业的差别，因为大数据产业既然是属于信息服务一个分支，那么就要考虑如何做好它的融入。未来3~5年可能就没有大数据这个词，被最新的像智能硬件、智能设备、可穿戴设备VR这些东西替代了。大数据是一个跨界的产物，但是它起的作用刚好是在这个时代里承上启下。第二，在这个产物上有三点很重要，一个是数据质量，就是说如何做好承上启下的工作；第二个是数据应用，数据拿来以后，怎么跟传统的服务，甚至是创新型的业务去做结合。第三是所有的数据服务，整个数据合作伙伴，比如说现在国家征信牌照大多是对公的，对私很谨慎，比如说跟这些有牌照公司的合作，数据的支付成本和数据进来能不能用，还要从三个维度去好好考虑。

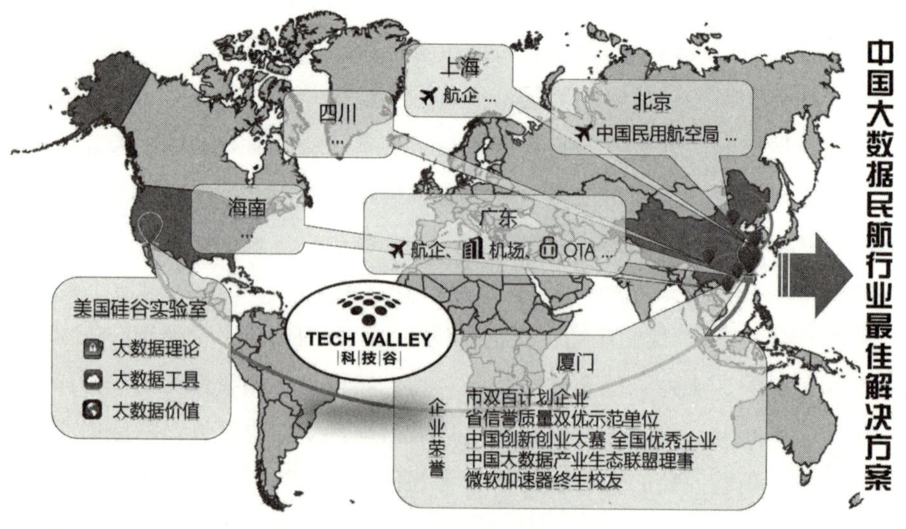

科技谷商业模式

云房数据："楼盘字典"让房屋"立"起来

北京云房数据技术有限责任公司（以下称云房数据）作为独立的第三方房地产数据公司，于2013年由北京仁达房地产评估有限公司（以下称仁达评估）、光汇软件联合投资创办。同时，云房数据作为仁达评估曾经的重要成员，承接了仁达评估十几年的行业经验和丰富完善的数据资源，以多维度房地产动态和静态数据为基础，通过大数据算法建立房地产数据生态圈，为地产、金融、地税、评估行业等多项纵深服务领域提供数据及系统集成服务。

与其他互联网公司不同，云房数据并不是从互联网+或者是互联网的角度直接进入传统行业的，而是传统行业在转型升级的过程中需要用互联网与大数据的方式来开展相应业务，才得以衍生、发展。云房数据董事长闫旭东是做房地产评估出身，自1992年起就在房地产评估行业打拼闯荡的他，一手将仁达评估打造成房地产评估行业的佼佼者。在风雨兼程的奋斗历程中，他也见证了房地产行业一路前行的盛衰荣辱与大数据和互联网+高歌猛进的发展步伐。在这个信息流和数据量喷薄的时代背景下，闫旭东并不愿做一个固守城池的守成者，而是不断探索房地产评估业务转型的契机和可能。大数据时代的到来让他看到了方向，云房数据也就此应运而生。

让房屋立起来

在做银行的房地产抵押评估时，闫旭东的团队每天完成几百笔的个贷量。客户一般都是先询价，想知道房子值多少钱。这个看似简单的问题对于评估师来说是一个挑战，因为他们在接到咨询电话时，要马上在头脑里有一个清晰的轮廓：这个房子在哪个小区、小区状况怎样、价格如何及近期市场成交行情。“我们设想用机械脑代替人脑存储，建立楼盘字典，把房子的基础信息建立起来”，闫旭东要把全国所有房屋“立”起来，把房产的技术垂直库建立起来。

建立“楼盘字典”是一个琐碎、繁杂的大工程，基础数据收集是万里长征的第一步。当前评估行业的数据收集一部分是通过人工扫街，另一部分是通过互联网的方式获取。前者获取数据的成本代价非常高，而后者获取数据的准确性不够。如果用传统的、人工的方式去扫楼、扫街，所得数据一定程度上是准确的，但也有例外。有些房产的地址信息用现有的门牌号登记，但是现有的门牌号地址信息不一定是证载地址信息。举个例子，比方说在一个商业区有A座、B座、C座、D座、E座五栋大楼，但是房产证的一号楼很可能是D座，房产证上的一、二、三、四、五号并不能完全与现实中A座、B座、C座、D座、E座的五座大楼相互对应。我们买的商品房、一手房签约的商品房预售合同里的地址和最后拿到产权证的地址很可能是不一样的。要搜集到证载地址，比如税务局在契税交易过程中的地址，做按揭、抵押的地址等，这也给信息的准确采集带来了难度。

相比于人工扫楼，通过互联网采集信息因为减少了人工成本，显得更经济一些，但由于互联网上的房地产数据来自各个领域，有政府的、中介交易的、网络媒体的、地图平台的等，每个领域的数据都有各自的特点，政府侧重于行政管理，中介侧重于实际交易，网络媒体侧重于信息发布，地图平台侧重于空间分布。各方面信息数据量庞大、繁杂，甚至存在虚假，导致互联网信息采集的准确度更难以保证。

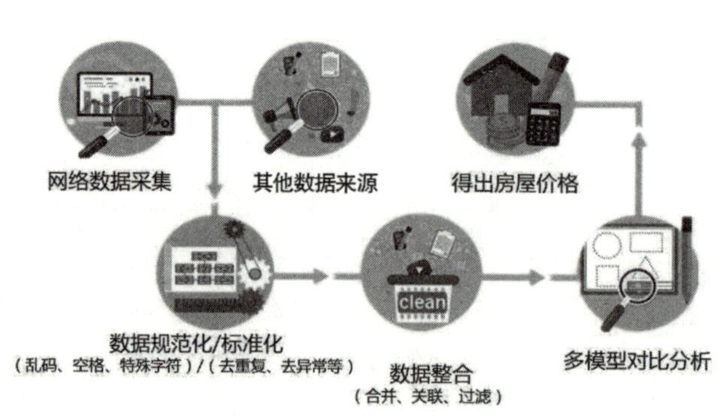

云房数据数据生产流程图

在数据的采集上，传统方式的采集和互联网方式的采集都有缺陷。数据的采集一定意义上是多个途径采集，相互之间进行验证。"我们要对收集来的各种数据进行清洗、整理，然后验证、校验，最后才能入库。"面对浩如烟海的数据，闫旭东如是说道。目前，云房数据将政府、互联网、金融、评估行业、房地产中介、实地查勘等多渠道的数据整合，通过自主研发的数据清洗整理平台，已经实现了覆盖全国266个城市，近8000万户，时间跨度超20年，涉及住宅、商业、写字楼、土地等多类型的结构化数据。

以"数据+估值"为核心

云房数据用相当大的精力来夯实数据基础，通过建立数据库，云房数据想做的事情可以概括为一点多面，以"数据+估值"为核心点，在各个领域应用数据：

（1）金融领域：如何实现服务的升级，贷前快速估值匹配贷款；贷中评估报告价值审核；贷后押品价值动态监测，降低风险。

（2）评估行业：基数数据、案例数据的共享；实时的在线询价系统，提高评估行业的作业效率。

（3）地税部门：房产的涉税批量评估；房产税模拟评税的应用；房地产评估税收征管系统等，避免纳税人瞒报、谎报房产信息及价格的行为，同时为政府合理制定相应的评税方案提供参考和依据，保障纳税人的利益。

（4）房地产开发商：房产数据的推送；拿地分析及房地产市场分析及预判，为开发商业务的开展提供一定的数据借鉴和分析。

（5）不良资产：近一两年，不良资产行业进入了一个爆发期，而资产的定价显得尤为重要，这也是云房数据的应用领域。

（6）房产交易领域：将房产信息、价格公开，使交易场景透明，同时将房产估值前置，提高房产买卖效率，使市场更透明，让交易更顺畅。

据统计，中国的房产总资产有240万亿元，围绕240万亿元体量的房产触发的经济行为量巨大，这些经济行为都需要估值。

数据和信息共享实现双向共赢

从大数据概念的提出到现在，大数据相关互联网公司如春笋般崛起，大数据市场已是一片红海，兼并重组将是一场势在必行的战役。在这场即将到来的角逐中，差异化竞争将是突出重围的一把利剑。云房数据的差异化竞争优势也十分明显，主营的两款产品“评E评”和“房估估”的市场口碑颇佳。

评E评，是一个估价流程与管理系统，将估价公司的“业务流程”、“估价作业”、“数据采集”、“客户管理”和“财务管理”等多方功能结合，最大限度满足各类估价公司应用需求，实现全流程、全类型、全信息化、全数据支撑的估价作业SaaS平台。

房估估（微信端、PC端），是独立第三方房产估值平台，基于大数据为金融机构、政府部门、房地企业等相关单位或个人提供房产在线估值、大数据押品监控、一站式评估业务管理等服务。

实际上，云房数据在一定程度上实现的是估价的O2O、线上线下的结合。

“目前，我们90%的精力都是投入在数据和研发上，现在还没有到收获的季节，我们还在播种，处在培育期。”闫旭东将目前云房数据的发展状态视为夯实基础阶段。2013年创立的云房数据到2016年刚设立销售部，150人的团队，绝大多数人在做研发和数据的基础工作。“我们还要脚踏实地、愚公移山，坚定地夯实我们的数据基础，把各种各样数据的颗粒做细了，才能在各种应用场景上有所作为。否则，在面对复杂的客户需求和巨大的应用场景时，数据基础可能会成为发展瓶颈。”闫旭东对数据基础的重要性有着十分清醒的认识。

各个领域的大数据融合也将成为技术研究的课题，各行业根据自身业务属性不同、需要不同，将从不同维度对大数据进行清洗、积累、入库。这些数据库一旦打破行业界限相互结合，就很有可能出现一些化学反应，从而得到可喜的意外收获。在这个过程中，分享和合作就显得尤为重要。云房数据在跟一些交易的中介公司合作，不仅帮助他们建立基础数据库，也愿意把自身积累的技术数据库与其分享，避免重复建设。百度房产用的就是云房数据的数据库，共用数据库让市场更加透明，信息流通更快，在这个过程中，数据和信息的共同积累也实现了双向共赢。

云房数据核心产品

网思科平：传感器+平台　重构数据应用模式

不同于“养兵千日，用兵一时”，在北京网思科平科技有限公司CEO仇新梁看来，用“养兵千日，用兵千日”形容打赢安全这场持久战更为贴切。安全是一个对抗科学。保护系统安全是一个对抗的过程，是在实施的过程中，产生对抗应急来持续优化系统。

用黑客的思维思考安全

“经常有人问我，我们跟杀毒有什么关系？”仇新梁回答道，“我们会使用一些组件杀毒，但我们最关心的是，病毒不是单纯地存在，还被人利用在做非法的操作。”

数据为什么不安全？被入侵、异常访问、系统内部问题，甚至是正常访问都可能导致数据不安全。仇新梁表示：“网思科平优先解决的是被入侵和异常访问这些‘非法的操作’，而非系统内部。内部采用的解决方案不同，涉及权限管理和访问控制。而入侵则是绕过这套体系找到系统的漏洞，即不管系统是否设置了权限控制，它都能获取系统不具备的权限。”

知己知彼，百战不殆。“防护的基础是要先了解攻击者。如果你都不了解别人，防护就是一个玩笑。”仇新梁说道。因此，网思科平传感器的立足点和关注点，不在于搭建安全体系，而是在于用黑客和攻击者的思维去思考安全，并把这种思维引入传感器中。“为此，我们采集和分析与黑客的攻击思维和入侵思维相关的数据，从中提取更多有价值的数据，或许这些数据才是最有价值的!”仇新梁一语中的。

仇新梁解释道：“入侵者关注的是入侵方法，这只能解决20%～30%的问题，剩下的70%～80%的问题，就要依靠木马。木马的一些行为是一般的入侵检测设备所不能识别的，这就需要我们逐步地补充和解决。事实上，木马并不能绕过所有的系统，因而即使面对从未见过的木马，我们也有能力把它分析出来。”

在仇新梁看来，识别和解决木马的这些行为，也是一种革命，这将成为未来攻击检测的趋势之一。

分析和挖掘能力——安全的题中之意

数据量的不断增大，对数据分析能力提出了越来越高的要求。从无线检测到安全分析，再到近几年大数据分析开始受到热捧，分析能力无疑已成为大数据公司的一个重要支撑。

网思科平的强项也在于安全的分析。仇新梁指出：“在传统意义上，安全对用户来说是固化的。我们首先想做的是降低成本——用普通的服务器搭建数据中心，基本采用分布式处理架构，同时支持信息扩展。用户只需要迭代一些普通的计算单元，就可以完成过去很难以想象的运算，从而对数据进行处理分析。”

要分析数据，我们须要充分地挖掘数据。“在对数据进行挖掘的过程中，我们与很多国外顶尖的数据公司不谋而合。在这些公司中，其实一部分在前期知名度并不高，甚至默默无闻。但似乎在一夜之间，这些公司因为优秀的解决方案或‘意外’的收效，就得到了众多认可。”仇新梁如是说。

不同于“养兵千日，用兵一时”，在仇新梁看来，用“养兵千日，用兵千日”形容打赢安全这场持久战更为贴切。“安全是一个对抗科学。是在实施的过程中，产生对抗应急来持续优化系统。原因在于，传感器采用的维度特别多，需要在各种维度中找到更多的隐藏点，将能识别的数据挖掘出来。”

“攻击者只要干坏事，我就能把他抓出来。”在这一点上，仇新梁信心十足。

传感器+平台：解决用户痛点

相比传统的安全防护系统，网思科平的系统有了一些颠覆性的变化：第一个变化体现在用户体验。“因为用户从来没有见过这样的传感器，不知道传感器能够收集和提供这么丰富的数据。”仇新梁解释道。

第二个变化体现在，网思科平为用户提供深度挖掘数据的平台。当用户想知道自己是否被攻击，但因为检测病毒的软件可能已经被病毒软件杀掉，而苦于没有相应的解决途径和方法时，就可以借助网思科平的平台解决这个痛点。

第三个变化体现在，传统的检测单元是各自独立、不成体系的，因而检测能力有限，不具备二次分析的能力。由于这种弊端，检测软件虽然告知用户受到入侵了，但没有提示任何信息，用户就无法准确判断是否受到入侵。同时，系统管理员管理系统的时间有限。仇新梁表示，网思科平所采用的检测方法和传统的方法大不相同，“系统管理员通过设备检测的频率可以按分钟级来计算。另外，我们自己内部做了大量的木马演练，运用模型发现了很多未知的木马和入侵，再通过大量相关的工作，为最终的判断提供了充分的数据依据。未来，管理员仅依靠这个检测平台就能处理这些问题，因此在平台上停留的时间将更长。”

第四个变化体现在，网思科平做了一些世界顶尖的技术。“比如自主研发的传感器，可以检测低层硬件中的恶意入侵，这在目前来说全球唯一一家。终端产品在业界也是顶尖的。目前，我们正在弥补实施性方面的差距。”仇新梁如是说。

人是传感器的根本

现在，国家在建的很多大型工程都与大数据相关，但大数据到底该怎么用呢？仇新梁认为，大数据和数据大是两个概念。数据量大了之后，如果处理能力跟不上，这些数据就是死的。大数据本身既是一种新的数据运用模式，又可以用之构建新的数据应用模式。这就意味着，我们既可以用大数据架构处理一些东西，也可以对数据重新进行深度挖掘。

为此，网思科平开发了很多传感器，能在从多点采集数据，且采集的深度比传统更深。“采集数据结合大数据要做到准确性。开始是我能够提供什么数据，后面是客户需要什么数据，我就提供相应的数据。”仇新梁认为，这样传感器与大数据中心就产生互动了——在提供数据源的同时，大数据平台也提供一些基于学习和引导的决策算法。

网思科平的数据都是来自于传感器。仇新梁表示，网思科平开发的传感器在几个方面实现了突破：第一，知道要获取什么数据；第二，拥有获取数据的能力；第三，具有一定的分析能力，如管控、分析原生态的数据，完成指令、响应等。

“在网络上，我们每个人都是传感器。”每个人都把自己的喜好、习惯和行为等信息，通过键盘传输到云端，系统再把这些数据传出来。可以说是“取之于人，用之于人”。仇新梁认为，人才是传感器的核心和根本：人产生数据，通过传感器分析和反馈数据，让数据为人所用。

在这个过程中，用户最大的顾虑是如何保护隐私？仇新梁强调：“我们传感器收集的信息不会暴露用户的数据隐私。第一，没有人比我们更重视隐私，因为我们保护的就是用户的隐私数据；第二，我们所有的数据是放在私有云上，我们不建议用户放在公有云上；第三，我们采集的数据都是无感数据，都在用户能够接受的范围之内，没有任何跟隐私相关的敏感数据，都是可以公开的。”

仇新梁坚信，安全传感器将来会被大家所接受。“因为要解决安全问题，必须要接受传感器，并把每个终端都当作一个传感器来帮助系统采集信息。”

利用专业的威胁情报　打造全生态系统

美国等发达国家，网络威胁情报服务已经非常发达，购买威胁情报服务和安全服务非常流行，几乎没有任何一家企业不购买多家企业的安全服务。而我国在这方面还非常欠缺。

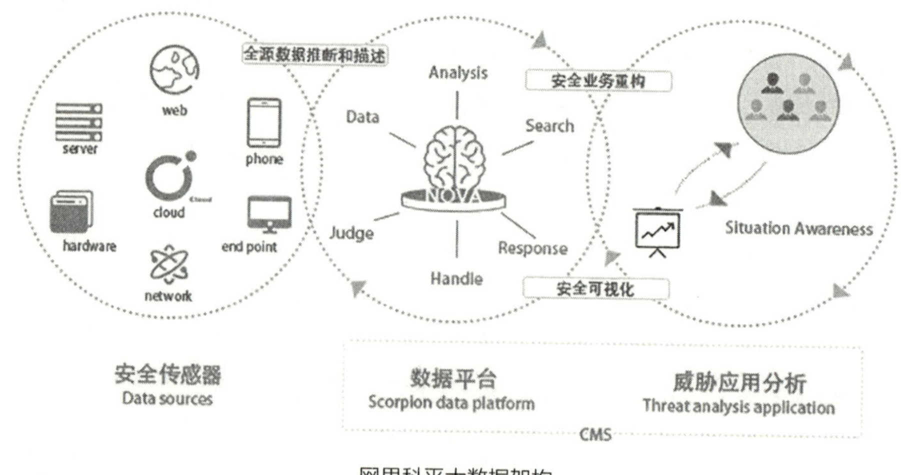

网思科平大数据架构

我国现在最大的问题是，没有落地的威胁情报产品能与数据平台结合。仇新梁分析道："过去，安全的表现形式就是报警。现在，更多的是用信息支撑和完善报警，用多种数据平台支撑报警决策，让报警越来越准确。数据平台有很多威胁、木马、情报等不安全因素或行为，我们都将之实时地记录下来，随时掌控其所存在的位置。"

"现在，我们的威胁情报是网络数据和文件数据。未来，我们将打造一个全生态系统，网络攻击样本或方法一旦进入系统，它所执行的每个动作、产生的每个数据，都可以作为未来威胁情报的一个点，并且能够得到很好的运用。"仇新梁如是说。

网思科平目前主要做威胁情报的应用。未来，当移动互联网、物联网的应用扩展以后，传感器将不需要存储。在这种情况下，只有提供安全数据，才能进行分析。这样就能保证，未来在对系统整合时，不至于以牺牲传感器的安全为代价——在传感器上加传感器。"这是非常不科学的！"仇新梁强调。

事实上，攻击者的路径、属性，甚至用的工具都无法改变。"因此，我们采用的方法是，在传感器中嵌入一个小型软件模块，用户需要做的仅仅是把数据提供给我们，我们只在后端分析数据，不会干扰前端。未来这种做法将得到更多的认可。可以试想一下，宇宙飞船多么复杂，带有多少传感器，但它本身要处理的单元就能大大减少。"仇新梁介绍说。

仇新梁表示，网思科平采用专业性较强的安全运维+产品模式，并拥有专业的运营人员和安全服务人员，能更好地保证产品的可靠性。通过这种方式，能够将传统的应用模式和未来的应用模式结合起来，能最大限度地保证安全，可以说是"天网恢恢，疏而不漏"。

安全和应用：鱼和熊掌如何兼得？

安全和应用一直难两全。"要把安全写入传统的软件特别难，在终端中写完后就无法使用了。因此，很多公司采用的方法是牺牲安全性来保证应用性和用户体验，这是非常不可取的。"

仇新梁认为平衡点在于：既然大数据拥有强大的分析能力和灵活的架构，我们或许可以把大数据变成未来驱动安全发展的大脑。因为危险往往来源于很普通的数据，通过大数据的计算和分析，就可以处理这些危险。"以前，面对海量数据，一个行为到底是否异常、这个异常行为的协同性还有哪些是无法发现的，因为数据量太大或者根本就没有这个数据。现在，我们通过把数据提炼出来，能够让结果更加精确。”仇新梁如是说。

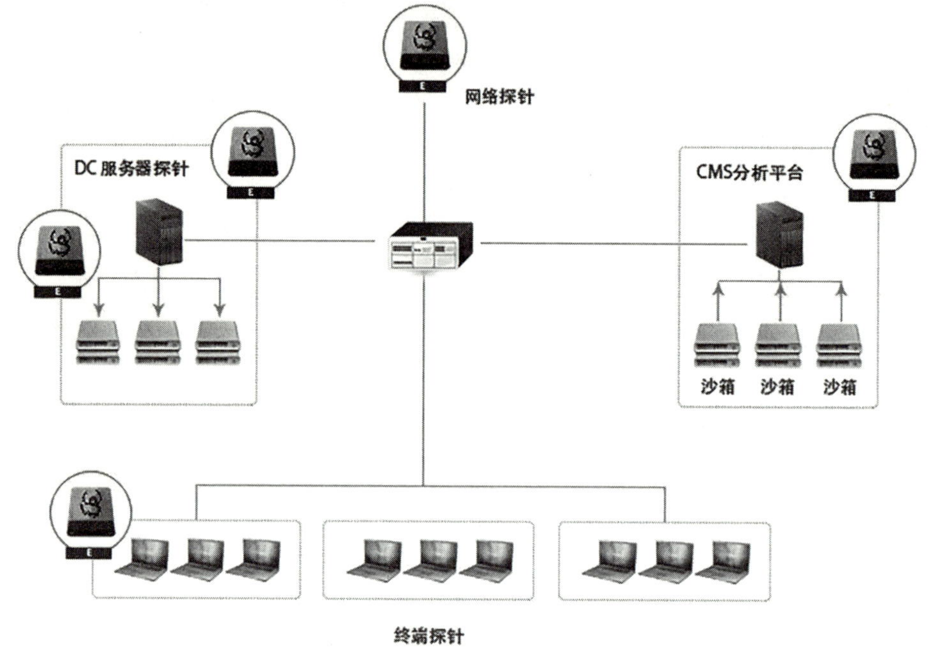

网思科平大数据部署

目前，国外很多安全企业提供SaaS服务，但SaaS与实时性是矛盾的。而大数据的重要优势就是实时性，可以快速辨认所有的防御单元，比如千万级是一个单元，能用动作识别它是否存在问题。这点在传统意义上则很难实现，除非制订一个死规则，每个产品都引用这个规则。而现在攻击的维度和攻击的复杂性，则需要规则的写法和定义也特别复杂和灵活。可以说，目前只有大数据才能解决其性能和应用问题。就此，仇新梁指出：“未来，我们可以在平台中加入更多灵活的规则，这听起来和传统意义是悖论。举个最简单的例子，正因为不安全的行为是一个连续动作，平台才能据此识别是否存在危险。”

在新的安全应用方面，过去我们只能了解一个恶意代码是否存在。现在我们更需要知道的是，这个恶意代码到底造成了多大的伤害。很多方法都无法解答这个问题。“我们先将自己的系统作为一个平台，用以解决数据的储存、处理、分析问题，再逐步吸纳更多的数据，比如兼容更多的图形检测、防火墙、杀毒软件，以及各种规则或数据。通过我们的处理，再引导防火墙适当地防御。或者在用户设定一个默认的规则后，我们再智能地添加一些规则，来帮助防御和检测病毒，引导它屏蔽用户不愿意看到的信息。”仇新梁分析道。

令我们匪夷所思也深感忧虑的是，危险发展的速度已经远远超乎人们对传统安全设备的理解。

虽然国家目前在对信息安全大力投入的同时，对网络安全的投入也不小，但还远远未达到能够应对最新危险的需要。“拿病毒入侵来说，目前病毒在入侵时，很容易就能绕过系统的很多地方。因此，在入侵检测中，后门的检测大都不甚可靠，目前几乎没有木马是靠入侵检测查出来的。”仇新梁举例说。

仇新梁认为，中国用户所需要的安全，并不仅仅是一个软件或一家公司所能实现的。各安全公司各有所长，应该给对方留有发展空间。如果把空间压缩、排挤对手，就接收不到更多的思维，而且单靠自己做好的安全系统容易出现更多的问题，未来更易遭到攻击。

“安全不仅仅是为了经济利益，其实社会效益比经济效益更大。”仇新梁一语道出一份社会责任，或许这才是安全真正的出发点和应有的归宿。

CHAPTER 28
第28章

三盟科技："智慧教育"从云端落地

随着大数据时代的到来，不仅是从事IT行业的精英们看到大数据对国家治理模式、企业决策、组织和业务流程、个人生活方式的巨大影响，其他行业的从业者们也都逐渐认识到数据作为资产的潜在价值，各大高校的大数据资源也纷纷开始在教学、科研等方面发挥作用。

中国人民大学副研究员陈璞在《人民日报》撰文总结道，通过采集和比对学生进出寝室、夜间用电的时间等数据，可以将最适合的人安排在同一个宿舍；通过对图书馆和自习室座位信息的动态推送，可以解决"占座"问题；通过对选课系统的数据分析，可以在瞬间评出最受欢迎的课程和老师。当各方面管理数据的丰富度和系统化水平达到一定程度后，海量数据之间的相互关联将生成以即时分析和动态预测为基本功能的智能化校园管理系统，为学生自我管理提供便利，帮助学校破解一些管理上的难题。

摆脱教育大数据的应用"窘境"

就在我们以为教育大数据即将大展神威并为之欢欣鼓舞时，一份来自毕马威公司（KPMG）的调查报告让我们不得不认清现实：教育大数据应用的春天还姗姗地走在路上。2016年，四大会计师事务所之一的毕马威公司发布了一份名为《2015—2016高等教育产业前瞻调查》（2015—2016 Higher Education Industry Outlook Survey）的报告。在接受调查的102位高校管理者中，53%表示他们会将数据应用于招生注册，42%应用于募款。在数据分析和使用过程中，校方面对的最大问题就是如何有效地将数据用于不同领域（60%），其后的问题是数据质量较差（40%）和需要新的或更先进的分析技术（39%），其他问题还包括新数据种类难以处理、数据量过大影响决策进度等。有87%的学校拥有充足的数据，但仅有29%的高校有自主分析数据并根据数据做出相应决策的能力；22%的高校数据充足，却未能有效使用。

从毕马威发布的数据可以看出，不少高校在数据分析方面心有余而力不足，想用而不知怎么用成了大数据管理的问题。在这种情况下，36%的高校选择将数据分析工作外包给外部供应商或合作伙伴，来获得更专业、更全面的数据解决方案。其中，广东三盟科技股份有限公司（以下简称三盟科技）就是一家服务于各大高校、专注于教育大数据的高新技术企业。

从事教育行业大数据的公司基本可分为三类业务形态，第一类公司就是开发大数据的底层平台，这些底层平台可以应用到各个行业，属于通用型平台，并不是专门定位于教育行业的。华为、浪潮，就是做底层平台的公司。

第二类就是产品应用类的公司。这类公司在给学校提供某一项业务服务的过程中，也获取了学校与其产品相关的一部分数据，对数据进行分析进而形成数据产品，比如为学校建设教务系统、成绩查询系统的数字化校园软件公司；而负责学校网络管理的厂商，将会获得学生上网行为的数据。这样为学校提供某一部分产品的厂商在教育大数据的江湖中也自成一派。这类厂商所得的数据可以称为单点数据或者叫单产品数据。这类公司对校园某一方面的数据采集很快，准确性相对较高。但是这类公司的劣势也很明显，因为收集的数据范围狭窄、单一，所得出的分析结果相对片面，或者说客观性较差。

第三类就是进行综合数据分析的公司。这一类公司的特点是对学校数据进行全方位采集。数据有来自于数字化校园的，有来自于校园一卡通的，有来自于Wi-Fi的，有来自于上网行为的。这一类公司又分为两个门类，一种是没有属于自己的底层平台和采集工具，不提供产品只提供服务，做一个整合的解决方案提供给用户，类似于系统集成商，也被称为解决方案提供商。第二种是专注于教育行业，拥有教育大数据采集的底层平台和专业化数据采集工具；对教育行业的应用非常熟悉，对教育大数据的分析方向把握得比较清楚。这类公司无论在大数据的分析深度还是大数据的价值挖掘方面均有独到之处，并且从产品、人工、服务到整体解决方案全套提供。三盟科技就是这类综合数据分析公司中的佼佼者。

“智慧课室”融入现代教学

创业之初，三盟科技之所以将创业目标锁定在教育行业，是因为三盟科技的管理和技术型人才，在教育行业的从业时间均在8年以上，在最熟悉的教育行业，三盟科技很容易找到突破口，也验证了“做熟不做生”的经验之谈。投身教育行业后，三盟科技很快摸清了教育行业跳动的脉搏。学校多媒体课室的建设和管理正呈现出全新的发展态势，多媒体课室的数量成倍增加，系统设备功能不断拓展，使用频率急剧提高。传统的多媒体课室在普及的同时，对其建设和管理工作提出了很多新的挑战，呈现出如设备环境复杂、管理难度大、教室功能叠加多、融合度不高和数字化校园对接不够等问题。

针对传统的多媒体课室建设存在的问题，三盟科技推出了“智慧课室整体解决方案”，将云计算技术、物联网与环境感知技术、移动互联与移动应用技术、云录播与互动教学技术等前沿的信息技术融合到传统的多媒体课室教学环境之中，注重与学校现有信息系统融合，从顶层设计的角度来看待多媒体课室的整体发展和建设，从而很好地解决了制约其发展的各类问题。这一解决方案不仅使广大高校享受到了新兴信息技术为现代教育带来的全新教学环境，同时也为更好地梳理学生数据源、采集到更高质量的学生数据奠定了基础。

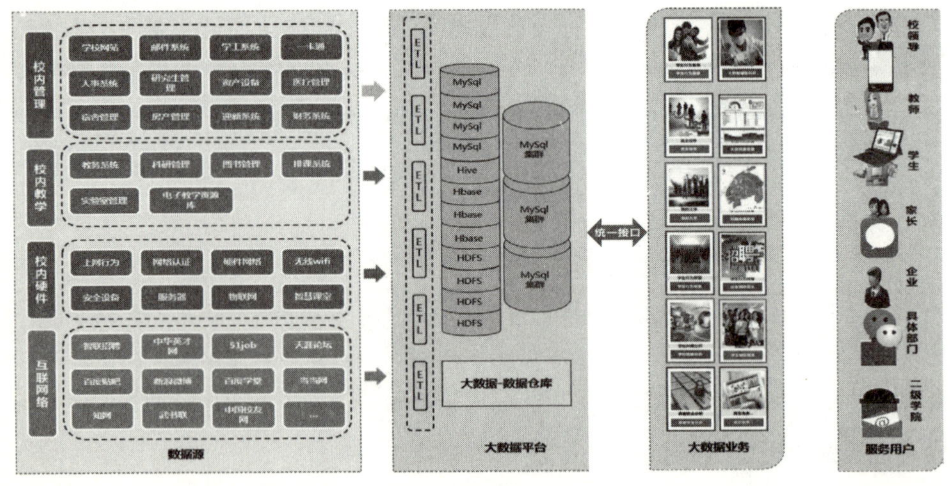

三盟科技高校大数据整体架构

数据存储是数据得以充分利用的另外一个重要节点，然而随着现代信息技术的普及和发展，传统的纵向信息化建设模式暴露出了很多弊端，难以支撑起高校信息化的快速发展；面对这一情况，三盟科技推出了一系列解决方案，云数据中心解决方案就是其中之一。这一解决方案将云计算资源管理、按需资源分配、计算虚拟化、网络虚拟化和存储虚拟化等云计算技术融合在一起，为高校优化或者实现数据中心重构，协助高校在多校区之间构建统一的信息资源池，更好地实现数据存储提供了有力举措。

清华大学作为中国最著名的高等学府，校园信息化建设也处于全国领先地位。学校已经建设有资源灵活、可弹性部署的云计算平台，并且已实现了全校各学院和师生使用分配，但在云平台资源具体分配与推广过程中，遇到了虚拟机分配手续复杂、使用监管困难的问题。三盟科技针对中国教育行业云计算落地的个性需求，自主研发推出了云计算管理平台Sunm-Cloud，具有云自助服务申请、自动化部署、操作简单智能等功能与特色。针对清华大学的应用场景，三盟科技进行了详细的现状调研与技术交流。同时由于学校云计算要求比较复杂，三盟科技Sunm-Cloud产品在学校进行了数月的真实使用与实地测试，并成立了研发项目组，针对清华大学的特殊场景与独特需求进行了部分功能的定制化开发与优化。

实际上，定制化开发和优质服务就是三盟科技最具核心竞争力的要素。"过去很多厂商的产品都基于软件和硬件的结合，而我们提供的是一套整体的解决方案——软件、硬件和云技术服务。云是复杂的技术，客户需要的不仅仅是某一个产品，而应该是一套整体的解决方案。我们做到的就是整体交付以及从端到端的整体解决方案、类似于私人定制服务。此外，我们也愿意为每个客户投入多个人员以增强两方的配合度。"提起三盟科技的核心产品，三盟科技董事长、总裁王喜英很是自信。如今，这套整体的解决方案已经在教育市场全面开花，从龙头高校到高职高专，被广泛应用与认可。

应用场景与教育需求相结合

三盟科技自2013年正式运营，致力于云计算、大数据、智慧课室、在线教育等教育行业应用场景中的解决方案研发。截至目前，三盟科技通过自主研发、整合行业产品等方式开发出包括云数据中心、高校大数据、智慧课室、云桌面、掌上移动教学、云安全等级保护、云计算人才培养、在线教育八大系列解决方案，并作为一个整体的解决方案为各大高校服务。在大数据应用方面，三盟科技可以提供包括数据采集、清洗和质量管理、存储及建模、分析及挖掘、展现和应用，以及最后的大数据分析成果，并为各大高校提供整套的解决方案和服务，为用户提供软硬件环境整体性设计，帮助用户开展教育数据的深度分析和应用工作，构建可持续化的发展能力，这也是三盟科技的核心产品。目前，三盟科技是教育行业落地模块最多的一个公司，大数据方面已经研发出22个应用模块，已经实施落地应用并具有深入分析能力的应用模块有9个，目前已为全国80多所高校进行了规划。

三盟科技经过近四年的拓展，已经得到了大量客户的认可。在云数据中心方面，三盟科技服务的全国用户约500家，实施落地了200个大型云平台；智慧课室解决方案方面，为超过300多个客户进行了规划设计，实施落地了数百间多媒体教室，超过50个客户样板；在线教育目前也已经在50多所高校落地；参与学校的信息化建设规划的已经有1000多所学校。

相较于其他行业，教育行业大数据的行业特征比较明显，关注点也比较明确，主要是学生的学习、老师的教学、学校科研与管理几个方向，与学校的应用场景进行结合，贴近实际应用场景去开发和创新，这就是三盟科技的发展之路。

在学生学习方面的一个典型应用就是学生的行为画像。通过对优秀学生的行为进行分析，研究优秀学生有哪些良好的学习及生活习惯，以此来帮助相对落后的学生找出差距，进行针对性、个性化的教学辅导。

在教学方面，可以分析学生在校期间的所有教学信息，有针对性地推送相关领域课程、前沿技术、教学资讯，为学生提供有针对性、个性化的优质教学服务。

教育大数据在大学生就业方面也有建树。学校可以详细了解毕业生的就业地点、从事工作、薪资水平，甚至连十年前毕业生的就业分布、职业发展都能掌握。这些数据的分析结果，对学校现有专业的优化调整是非常有帮助的。

“先打扫，再工作”

尽管一些大数据分析成果、解决方案已经开始在各大高校逐步应用，作用也在慢慢显现，但是在大数据应用的过程中还有很多问题需要解决，其中信息采集就是第一个拦路虎。由于各大高校信息化完善程度存在差异，数据采集难度也不尽相同。“比如教育部直属的985、211一类的知名院校，各类数据非常健全，便于采集、分析。但有一部分院校的信息化程度相对较差，数据采集存在困难，数据分析难度很大。”对此，王喜英讲述了三盟科技经手的一个案例。

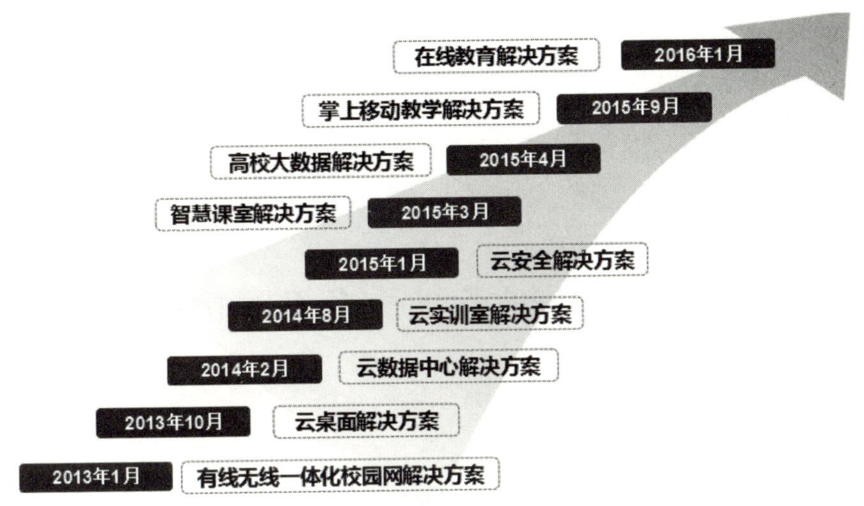

三盟科技教育大数据解决方案

三盟科技在海南某高校的数据采集中发现，一个学生的来源地、年龄等基础信息在学校的各个管理部门都会出现不同，毋论其他。学校各部门的数据不能统一，很难保证信息的准确性，数据采集、甄别、清洗的难度很大，分析工作更是无从开展。三盟科技的技术人员先帮学校教务处、科研处、就业指导中心等各部门统一数据标准，然后对数据进行一些清理，剔除无效、错误的信息，再对数据进行深度分析。"进入一个凌乱的房间后，你要先打扫，要做很多基础工作。把屋子收拾整齐之后，你才能坐下工作。建设数据库的过程与收拾屋子感觉有点像。"王喜英这样形容团队的工作。

在大数据迅猛发展的大形势下，研发投入是十分必要的。三盟科技在研发方面谋划深远，2015年在美国硅谷投资建设一个大数据研究院，进行大数据分析工具、建模和算法的深度探索，不仅保证三盟科技在技术层面的发展优势，也能推进其大数据产品的精准度和分析效率。三盟科技在其广东总部也建立了研究院，同时在上海建立了一个研发中心，并预计在武汉、南京还将设立两个研发中心，以此保证三盟科技的研发实力，为各大高校的不同需求和应用场景提供经验积累和技术支持。

勤智数码：大数据需要一点工匠精神

在最初扎根的智能IT运维管理领域，勤智数码科技股份有限公司（简称勤智数码）不断突破，全方位延伸。在大数据时代，政府、传统行业、新兴行业都产生和汇聚了大量的数据，同时政府和企业都进行了大量垂直领域的信息化建设工作，但"数据孤岛"的弊病存在已久，各种数据源之间相互缺少碰撞、数据价值不能有效挖掘等现象严重。而这些现实问题的存在也驱使着大数据市场机会越来越多，那勤智数码在其中又扮演着什么角色呢？

工匠精神不可缺

国内现在有很多做大数据的公司受到资本的追捧，虽然是好事，但在这个过程当中，行业的从业的人员需要比较清醒。那么如何分辨哪些才是真正的具有大数据价值的企业呢？对此，勤智数码董事长廖昕认为，目前来看，做大数据的有三类企业：一类是离数据最近的企业，这类企业通常是整合数据和数据的应用、交易，把数据的价值释放出来；一类是专门做开发数据工具的企业，针对大数据做搜集、分析、挖掘工具；一类是传统的IT公司，做一些大数据产品或者是应用，但这其中要涉及深度学习和人工智能的应用才算是真正的大数据的应用。

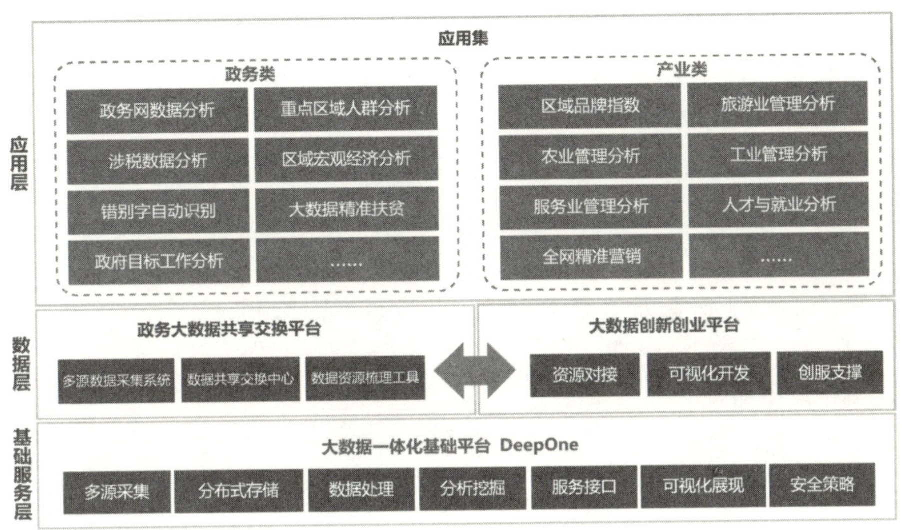

勤智数码政务大数据解决方案

然而，更为现实的情况是，现在很多公司声称自己是做大数据的，但其实并不是。因此，廖昕认为，现在大数据市场存在“劣币驱逐良币”的问题。“大数据这样的市场和产业势必会经历一轮洗牌，能够沉淀下来的才是真正的做大数据或者是做得非常好的大数据的公司，所以，大数据行业需要多一点工匠精神。另外，用户的应用水平也在不断提高，用户会选择市场上真正能够帮助他们实现数据价值的企业。”

勤智数码要做的又是什么呢？是帮助政府做服务。一方面帮助政府实现数据的内部共享，另一方面是要做“政务互联网”。他们期望通过一些技术手段，帮助政府将授权或者处理后的数据开放出来，构造一个数据模型，实现数据的有效和安全利用，让各路企业的好应用在各个政府机构生效，帮助政府加强对智慧城市的管理，而勤智数码与合作伙伴一起，依托实际的成功经验，共同推进优势价值应用的落地，从而实现多赢的局面。

据了解，十年前勤智数码就开始聚焦IT运维，通过一些网管和流程的平台来管理整个IT部门的运维，随着大数据开始兴起，IT运维也在发生着变化，国际上的整个趋势开始转向大数据管理运营。面对这样的趋势，如果还是按照传统的IT运维方法，不仅会给运维人员造成很多不必要的麻烦，还会影响业务的正常运行。例如，谷歌这样的超大型企业数据中心起码有上万台的主机，他们就必须用数据的方法来做运营，否则就会陷入天天维修服务器的困境中。而面对这样的趋势，勤智数码审时度势，从三年前就开始布局。

具体来看，勤智数码和电子科技大学合作基于人数据中心成立了研究实验室，叫做机器学习和人工智能联合实验室。“我们很庆幸在通往大数据的道路上遇到了电子科技大学，有一些这个领域的专家和我们一起做这个体系平台，所以说从一开始我们就没有走弯路。在这个过程当中，我们也积累了大数据的技术。现在我们大数据这一方面的专利申请大概有200多项，已经申请下来的有40多项专利。”廖昕如是说。

数据标准不可缺

在走向大数据发展的道路上，勤智数码不仅布局自己的业务，还特别关注大数据相关标准的制订工作。廖昕认为，第一，数据本身必须要标准化。大数据的特征之一就是数据的多元化。多元数据如何接入汇集到一起，汇集之后，如何去做交换、做相应的交易等，这一系列都涉及数据本身的标准化。第二，数据的运用必须要标准化，现在国内大数据应用的行业越来越多，包括金融、医疗、交通等各个行业，这些数据的应用和接口也需要标准化，否则不同的厂商去使用这些数据的时候都要分别做开发，会浪费大量的资源，这从本质上来说对大数据的应用推广是很不利的。所以可以从不同的维度去分析建立和实验标准规范，把数据应用的标准化提升到一个高度。这样才能促使企业从总体上去考虑如何应用这些行业数据，而不是脚疼医脚，头疼医头。

据了解，一方面，勤智数码是工信部大数据标准化委员会的核心成员，参加了大数据标准的制订工作；另外一方面，勤智数码与中国标准化研究院合作，做大数据应用的一些国家标准。这样通过标准化和产业融合才能把大数据产业做大做强。“我认为与国外相比，在标准制订方面我们并不落后，特别是在大数据时代，我们能够真正抓住一些典型的应用场景，把标准快速制订出来，就能形成一个良好的数据应用生态，这其中所涉及的数据拥有者、数据开发者、数据应用者都能在这个生态链中体现自身的价值。”廖昕说道。

迈向航母级企业

在大数据日益常态化的今天，勤智数码以创新驱动转型的理念，将大数据分析挖掘、大数据一体化平台、IT运维技术和云计算技术进行了深度分析融合。在原有的IT服务管理平台的业务基础上拓展延伸出了大数据业务，借助大数据引擎对IT服务数据进行分析计算，让IT服务更智能。得力于IT智能服务和大数据应用的成功，勤智数码将业务扩展到智慧城市的建设中，构建了“智能云运维”模式，为智慧城市的IT运行提供了有效的IT管理方法和可靠的IT服务。

当然，大数据时代需要每一个参与者以共享经济的心态和理念去联合更多合作伙伴共同发展，勤智数码也不例外，十分崇尚生态发展的理念，一直积极参与大数据生态体系的建设。廖昕强调，更重要的是，现在大数据一定要抱团发展。如果我们用团队网络的力量抱团，或者用资本的力量抱团，成为一艘航母，我们才会获得更大的成功。勤智数码希望成为中间的一个。

就整个大数据产业的发展来看，现在很多做大数据的公司都很小，缺乏一种核心能力，即通过一些独有的核心能力，把更多的上下游公司的价值和资源释放出来，一起去成长。

说易行难，要打造这样的航母级公司并不简单，近两年，勤智数码一直在这条路上不断摸索，提升自己，追赶目标。据介绍，勤智数码已经具备了一些基础，比如在智慧城市方面的一些积淀。

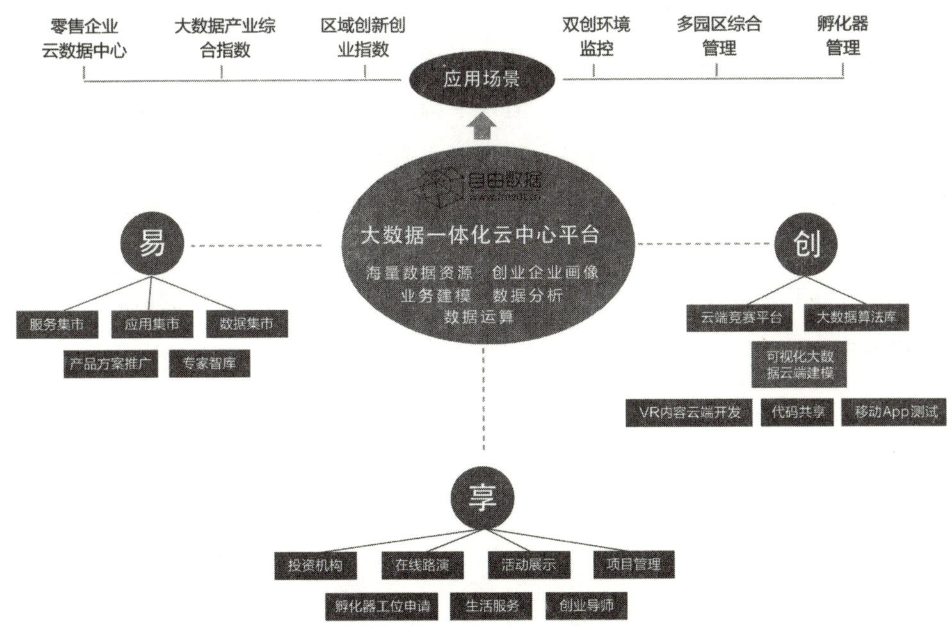

勤智数码大数据一体化云平台中心

“当前中国有2800个县，我们先会选取一些典型的县级城市做试点，比如县域城市的数据汇集共享和智慧城市建设，由数据驱动智慧城市的这个平台，让数据的价值在一个城市里面能够快速地呈现出价值来。第二个层面是地级城市，例如巴中（四川），它下面有8、9个县，它是地级城市，我们把其所有的政务数据和城市的数据全部汇集，做共享开发，帮它做整个城市的布局和智能决策。第三个层面是市级城市，比如成都市，这是一个庞大的体系，有60多个部门。这是一个省会级城市的典范工程，我们要把它做成模板。第四个层级是省级层面，在四川省我们正在做省的社会数据的汇集和共享，目前已经有很多的模型和案例在逐渐成熟和发展。总之，我们希望把不同层级的智慧城市模型做出来，希望他们都能够应用我们的模式和技术，把自己城市的数据价值发挥出来。”廖昕说道。

不过他也坦陈，目前做城市大数据和智慧城市的最大困难在于，人们从主观认识上还没有形成数据应用在智慧城市中的巨大作用和价值，这个观念的转变不是一蹴而就的，特别需要市场教育和相关培训，而更重要的是让城市的用户看到成功的案例和样板工程，看到能真正给他们带来价值的改变。勤智数码需要在这方孜孜不倦地耕耘和努力，为用户挖掘真正的价值，向航母级的企业再迈进一步。

关于未来，廖昕谈道：“我们会在当前业务上延伸人工智能和深度机器学习的数字化应用，目前已经有一些类似应用的试水，比如法院的大数据应用，比如据统计，2015年在全国有1200万个案件，但是中国的法官只有20万人，现在中国的法官每天都在加班，每个人手里都有几百个案件没有判决完，如果我们让智慧机器人学习所有的判决、法律文书，辅助法官梳理案件，甚至发展到最后帮助其生成判决书。”

虽然，这样的未来听起来充满着未知和不确定，但是任何目标都需要在不断的摸索中前行。

天玑科技：大数据从基础设施起步

在对大数据红利的预估中，很多人持有一种观点，那就是，随着大数据产业的快速发展，受益顺序为基础设施建设率先起步，才带来数据分析、数据源、数据安全环节的发展。粗略说来，大数据基础设施包含了硬件、存储和其他数据中心基础设施，这是每一位IT从业者都无法回避的产业链。

如果说，大数据是朝阳产业，将推动数据中心基础设施及相关软件的爆发式增长，那么，企业部署的数据中心环境也需要做出相应的变革与创新。

在去“IOE”浪潮之前，中国各行各业的IT架构基本被国外巨头所垄断。“棱镜门”事件的爆发，信息安全最终上升到国家层面，去“IOE”再次被提及。

IT架构国产化开路先锋

2013年，在一段对于上市企业上海天玑科技股份有限公司（简称天玑科技）的发展态势分析中，有这样一段话：“公司作为IT基础设施第三方服务的领先企业，是棱镜门事件后国进洋退的最大受益者之一，数据库一体机等新产品则有望成为新的赢利增长点。”

3年以后，大数据终于在中国市场发展得如火如荼，此时，对于“IT架构国产化开路先锋”天玑科技而言，终于通过发挥其所长，通过其强大的数据中心运维管理服务，为大数据的分析能力提供了强大的后台支撑和保障。

2016年8月，公开财报显示，天玑科技2016年上半年归属于上市公司普通股股东的净利润比2015年同期上升48.57%，良好的业绩印证了天玑科技“以服务带产品，以产品促服务”战略进入良性发展态势。天玑科技副总裁在接受采访时坦陈，这既得益于大数据时代带来的机遇，也确实受益于去“IOE”带来的国产替代观念。

作为国内领先的IT基础设施解决方案提供商，天玑科技致力于IT基础架构国产化以及相关服务，主要包括数据中心维保、数据中心运维、云计算、大数据服务等，为电信、金融、政府、制造、交通、能源等诸多行业客户，提供“一站式”的数据中心相关服务产品，包括：规划咨询、设计实施、运行维护、升级改造、迁移移植等，进行数据中心生命周期的全程支撑和保障。

老客户订单造就了公司业务的稳定性，而新拓展的客户则增厚了公司业绩。2015年，某国际知名数据库厂商发布了一篇文章，该文章将本公司推出的数据库一体机性能与国内厂商推出的数据库一体机性能做了一番比对，并指出国内部分知名数据库一体机产品的弊端。

无论其此番做法的出发点何在，事实上却将更多人的目光聚焦在了国产数据库一体机产品上，这其中就包括了天玑科技的PBData 数据库一体机。据游录金介绍，这款产品是针对大数据环境下的海量数据分析存储而设计的高性能主机，集服务器、存储器、管理应用软件等功能于一体，整体性能预先调优，免去传统数据中心的前期调优时间，且大大节省了设备占地面积，另外，公司致力于做云服务平台，为客户提供私有云服务。

2015年8月，国务院发布《促进大数据发展行动纲要》，在《纲要》中明确指出要形成大数据产品体系，围绕数据采集、整理、分析、发掘、展现、应用等环节，支持大型通用海量数据存储与管理软件、大数据分析发掘软件、数据可视化软件等软件产品和海量数据存储设备、大数据一体机等硬件产品发展。

根据一组调研资料，我国在建数据中心平均投资规模为572万元，而规模超过500万元的数据中心占比超46.81%，数据中心投资规模大，出于成本考虑，无论对现有设备进行升级还是建立灾备中心，采购性价比足、维护简单的数据库一体机都是首选。

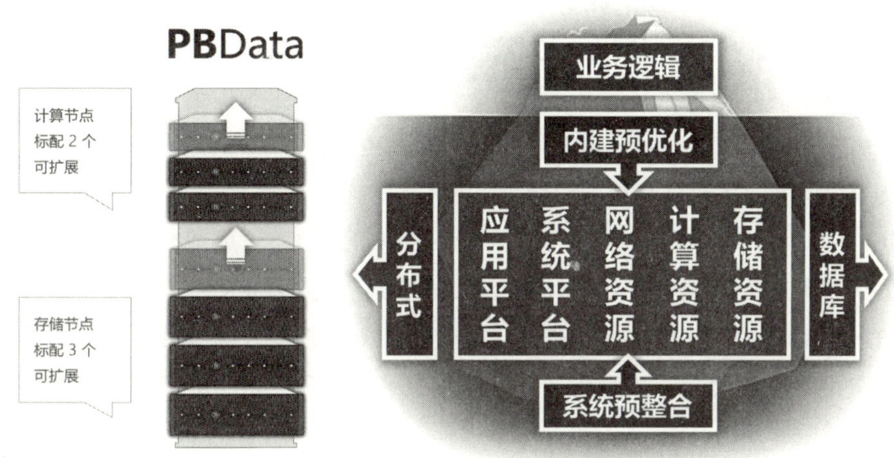

天玑科技 PBData 概念图

因此，天玑科技数据库一体机良好性价比的定价能够充分贴合市场，加之客户黏性十足，且具有较强的价格承受能力和资金支付能力，这使得天玑科技在众多知名数据库一体机品牌中脱颖而出。

新一代数据架构 云端发力

从性能上看，PBData是基于融合架构的数据库优化云平台，将高性能x86服务器和以闪存为核心的分布式存储，通过软硬件配合及高带宽低时延InfiniBand 互联，紧密耦合成开放、可动态扩展的高性能资源池。PBData凭借全新一代scale-at-will分布式架构，深度融合数据库、操作系统及基础硬件，为企业数据库业务提供卓越性能、高性价比的一站式国产、自主解决方案。

与此同时，天玑科技针对“去IOE”后的市场空缺，顺应数据中心集约、绿色发展方向，有针对性地研发推出绿色数据中心规划服务，为用户构建节能环保的效益型数据中心夯实了基础。例如：为某能源行业客户提供数据中心规划服务，引入“节能减排、绿色永续”的理念，从设备选型标准指标定义，到基础设施环境能耗规格设计等，为该客户的绿色数据中心建设奠定基础，并已成为该客户所在集团的指导规范。事实上，PBData只是天玑科技战略发展中的一个起点。2016年上半年，天玑科技在保持PBData业务的持续增长的前提下，积极开拓新业务，并成功推出了基于

Docker容器技术的数据中心操作系统产品Pcloud-DCOS，并将利用大数据分析等前沿科技，兼顾公有云和私有云部署模式，打造智慧通信云平台并叠加客服营销应用。

通过向互联网行业引入技术和人才，天玑科技为国内企业提供了完整的新一代数据架构，高效低成本地涵盖海量交易处理、大数据分析乃至实时数据处理等场景，以支撑企业的业务发展与数据运营。

2016年10月，天玑科技发布了与中国移动苏州研发中心达成战略合作的消息，进一步佐证了其在大数据与云计算领域发力的决心。官方公布的信息显示，双方在DCOS、OpenStack、云管平台和分布式存储软件等方面将展开深度合作，共同打造更先进、更贴合用户的云计算解决方案，助力中国移动和更多企业在云计算的帮助下实现业务转型和架构升级。

为了更好地在大数据与云计算领域抢占先机，天玑科技深耕金融行业和云呼叫中心，并将致力于提供集咨询、软硬件、服务一体的解决方案。

从大数据产业生态的整体发展态势来看，大数据环境的构建并不是遥不可及的事情。它改变了传统IT环境，随之而来的服务器、存储系统、服务、大数据技术软件等都将实现华丽转身。

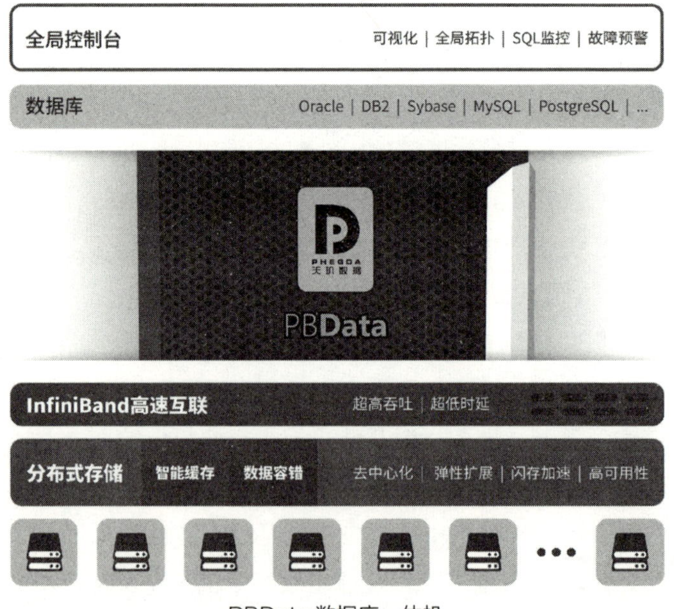

PBData 数据库一体机

东方金信：迎难而上　聚焦大数据平台

简单来讲，大数据时代的出现是海量数据同完美计算能力结合的结果。确切地说是移动互联网、物联网产生了海量的数据，大数据计算技术完美地解决了海量数据的收集、存储、计算、分析的问题。大数据时代开启了人类社会利用数据价值的另一个时代。

美国是第一个将大数据发展上升至国家战略并制订行动计划的国家。早在2012年3月，美国就颁布了《大数据研究和发展计划》，通过提高从大型复杂的数据集中提取知识和观点的能力，加快美国在科学与工程领域的步伐，提高国家安全，并改变教学研究，进而大力推动和改善与大数据相关的收集、组织和分析工具及技术。同时，IT跨国企业一直主导着信息产业的发展，部分企业凭借深厚的技术积累涉足大数据领域多年，包括IBM、Oracle、EMC等在内的IT巨头在2012年前后均发布了重量级产品和解决方案来应对大数据的挑战。继美国率先开启大数据国家战略先河之后，欧盟、日本及韩国等国家和地区陆续跟进。数据规模及运用数据的能力将成为综合国力的重要组成部分，对数据的占有和控制也将成为国家间争夺的焦点。

与发达国家相比，我国大数据发展处于初级阶段，大数据发展远没有形成产业化，大小企业利用各自的资源和优势走自己的大数据发展之路，资源共享、数据互通的情况较少。尤其是大数据平台等基础设施与国外差距较大，更多的国内大数据厂商选择扬长避短，将精力和热情投入到大数据的应用层面，期望尽快将甚嚣尘上的大数据概念在应用场景上取得进展，尽早变现。然而，下层基础决定上层建筑，相比于大数据应用层，大数据的底层建设更为重要。虽然因其技术门槛较高，研发投入较大，众多大数据厂商望而却步，但也并非无人问津。北京东方金信科技有限公司（简称东方金信）就执着于此。

凭借研发实力　掌握核心技术

东方金信是国内少数掌握核心技术的大数据公司，专注于咨询、产品、实施和服务，提供产品+服务一站式解决方案，曾作为主要成员参与制订中国大数据行业标准和安全纲要。作为IBM中国区大数据战略合作伙伴，2016年7月东方金信与IBM联合推出大数据一体机，绑定了公司的海盒大数据平台，开创了国际公司绑定国内大数据软件产品的先河。目前已成功落地银行行业、证券行业、保险行业、政府行业、工业行业等多个行业中几十个基于大数据的解决方案。

2013年成立的东方金信，是首批通过工业和信息化部大数据能力认证的企业之一，并在2016年4月工信部举办的大数据产业峰会上代表中国大数据厂商发言，讲解大数据技术与产品创新。东方金信的核心产品来自美国Google分布式数据平台，专注于实现企业级高性能分布式大数据解决方案和云解决方案。其核心团队来自美国Google、阿里、Teradata、IBM等知名企业的核心数据开发人员，参与过国内过去十年内各种大型数据类项目，具备较强的分布式研发能力和数据分析挖掘能力。

据了解，东方金信共有员工120余人，从事销售、市场、财务、人力等相关工作的员工不超10人，其余均为技术研发人员，其中拥有来自美国加州伯克利、卡内基梅隆、佛罗里达、斯坦福等高校博士10余名。大量高端研发人才的积累，令东方金信具备强大的持续自主研发能力。凭借先天的人才优势，东方金信在研发方面不遗余力，分别与北方交通大学、中国科学院大学等几所国内高校建立大数据联合实验室，成立大数据研究中心，以期在铁路大数据、数据开源等方面取得进展。东方金信还与北京大学、斯坦福大学共同创办大数据研究中心，希望在脑科学、图片隐形识别等特定领域上取得突破。

独门绝技——大数据分布式内存

东方金信在技术上有全球领先的技术优势，掌握了独门绝技——大数据分布式内存。在硅谷多家公司的研发中心都分别与东方金信建立联系，希望与东方金信进一步合作，包括IBM研发中心、EMC研发中心、AWS研发中心等。东方金信的工程师在每个计算节点上都部署了分布式内存文件系统，管理了本地的存储介质，包括内存、SSD和磁盘，构成了层次化的存储层。每个节点上流计算相关的数据会被尽可能地存放在本地，避免消耗网络资源。同时，分布式内存文件管理系统自身提供了LRU、LFU等高效的替换策略，能够保证热数据位于速度较快的内存层中，提高了数据访问速率。实现数据存储与计算的完美分离，从技术上实现了跨平台的大数据管理平台，实现了云、传统存储、传统数据库与大数据平台的完美结合。

不仅如此，此项绝技还支持跨计算框架数据共享。在新的系统架构中，除了Spark Streaming本身以外，其他组件如HBase等也需要使用分布式内存文件管理系统中存放的数据，实现分布式内存数据库。另外，Spark Streaming和Spark Batch Job可以通过分布式内存文件管理系统相连并从中读取或写入数据，来实现内存级别的数据传输。东方金信的工程师还在将Flink相关的业务与逻辑迁移到分布式内存文件管理系统上，来实现计算框架间的高效数据共享。

通过使用分布式内存数据文件管理系统分层存储中HDD层，来管理计算集群本地的持久存储，同时使用分布式内存文件管理系统的mount功能来管理远程的HDFS存储集群。分布式内存数据库很自然地将HDFS以及分布式内存文件管理系统自身的存储空间统一管理起来。这些存储资源对于上层应用和计算框架透明的，只呈现了一个统一的命名空间，避免了复杂的输入输出逻辑。从最底层的技术上实现了传统数据仓库解决方案中的数据多温度管理功能。

“我们在做的就是把每台机器的SSD和内存变成一个大池子，然后把文件直接映射到上面，这样就把原来的应用直接连到内存上来做计算，这个性能能够比普通的大数据平台提高10倍以上，这是我们能够超越同类厂商的一个核心技术，包括国外的大数据平台。”东方金信CEO王伟哲对其独门绝技很有信心。

分布式内存文件管理系统还提供了多套易用的API，它的原生API是一套类似java.io的文件输入输出接口，使用其开发应用不需要繁杂的用户学习曲线；分布式内存文件管理系统提供了一套HDFS兼容的接口，即原先以HDFS作为目标存储的应用程序能够直接迁移至分布式内存文件中，应用程序仅仅需要将原有的接口替换成分布式内存文件管理系统的接口就能正常工作，迁移的成本几乎是零。此外，分布式内存文件管理系统的命令行工具以及网页UI方便了开发过程中的验证和调试步骤，缩短了整个系统的开发周期。

分布式内存数据库与Spark有着紧密的结合，东方金信在Spark Streaming将主要数据存放在分布式内存文件中而不是Spark Executor的JVM中，由于存储位置同样是本地内存，因此不会拖慢数据处理的性能，反而能够降低Java GC的开销。同时，这一做法也避免了因同一节点上数据块的冗余而造成内存溢出。

“通过分布式内存，我们解决了计算和存储分离问题，不是把某些数据导到一个位置，而是把所有的计算都放在了同一位置，所有的数据最后都默认集中在一个位置，这将是大数据今后的发展方向。”王伟哲说道。

执着于底层建设

虽然国内大数据市场百花齐放，但是多数大数据厂商更愿意在大数据应用方面花费心思，为行为用户提供整体大数据解决方案，这样能很快见到实效。对于大数据底层平台建设，大家并不愿意去深挖，不仅因为这是一块特别难啃的骨头，必须投入大量的研发精力，更重要的是，国内大数据的底层建设与国外对比相去甚远，追赶不易。可为什么东方金信非要执着于大数据的底层建设呢？

其实，针对目前大数据的发展现状和未来形势，东方金信是有深刻理解和清晰谋划的。“在大数据的开源社区里面，中国人占的比例远远超过美国人，这么多海归都回到中国来，就是希望能够把大数据做好，所以从开发能力和社会认可程度来说，中国要超过国外先进国家。”并且，王伟哲认为，中国目前的应用场景比欧美国家丰富很多，数据量足够大，而且各种主观条件足够复杂，非常利于大数据厂商发展。“中国的应用环境特别复杂，数据量庞大，是做大数据最好的一个市场。”因为专注于底层大数据平台，东方金信业务会涉及金融、银行、证券、保险、政府、农业、旅游、电信、医疗等诸多领域，能拥有复杂、多样的数据基础。

“事实上，在大数据应用层面做文章相对容易，真正具有技术难度的是大数据底层建设，难的是做数据标准、数据模型、元数据管理等数据管理方面。但正因为技术难度大，平台开发才更具价值。目前，我们的产品已经获得市场认可”，从王伟哲的坚定语气中不难看出东方金信的技术情怀。也诚如他所说，东方金信大数据平台已经获得国内外大数据市场青睐。2016年，Oracle和IBM先后与东方金信签订战略合作协议。现在，无论是在IBM大数据一体机，还是Oracle云端大数据平台上，都能见到东方金信的大数据平台技术和她的金色LOGO。

伴随着各种随身设备、物联网和云计算云存储等技术的发展，人和物的所有轨迹都可以被记录。在移动互联网的核心网络节点是人，不再是网页。数据已经渗透到每一个行业和业务职能领域，逐渐成为重要的生产因素，而人们对于海量数据的运用将预示着新一波生产率增长和消费者盈余浪潮的到来。

大数据时代的降临，看似悄无声息，实则疾风骤雨，正在以不可阻拦的磅礴气势，揭开人类新世纪的序幕，而掘金大数据不仅需要开发者和使用者，还需要开放和自由的市场环境，数据开放也不能只是政府和某些大型互联网公司的响亮口号。否则，在这个数据海量喷薄的时代，有些企业可能会出现无数据可用的尴尬局面。届时，就算我们有世界上最先进的分析工具又有何用呢？

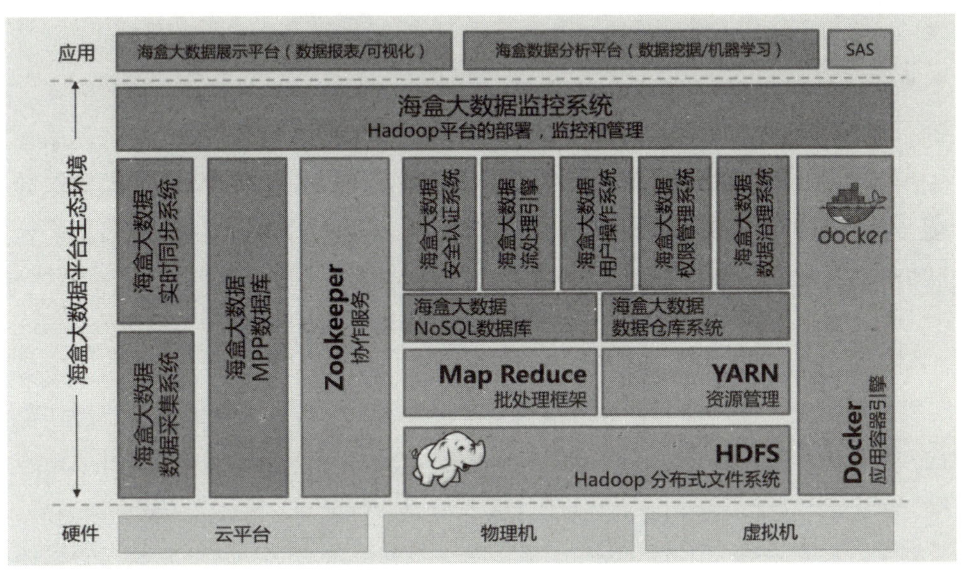

IBM 海盒大数据一体机应用优势

网智天元：构建影视新生态　需借大数据东风

当下，大数据炙手可热，莫不瞩目。但在北京网智天元科技股份有限公司（以下简称网智天元）首席战略官莫倩看来，大数据若不创造价值，就如同一匹未被慧眼识出的千里马，无法向世人展示出其应有的价值。因此，如何创造价值就成为大数据公司一决高下的决定性因素。那么，究竟如何才能利用大数据创造价值呢？莫倩认为，创造成功的商业模式将大数据变现才是关键。

兼具科技和文化的创新基因

网智天元于2007年成立，公司最早是技术起家，迄今依靠技术创新已经获得多项国家级课题和创新基金支持。网智天元兼具科技和文化的创新基因，是北京市近三年唯一一家将北京和国家所有的科技创新基金和文化创新基金悉数收入囊中的公司。

目前，公司的客户主要分为三大类：第一类是政府客户。“成立之初，我们凭借舆情监测技术，获得最早一批客户——政府。时至今日，我们已有很多国家部委级的案例，例如证监会、银监会、科技部、水利部、国防部、国家旅游局、国家食品药品监督管理总局等。此外，我们是中央政府采购网第一批舆情监控产品的入围者之一。”

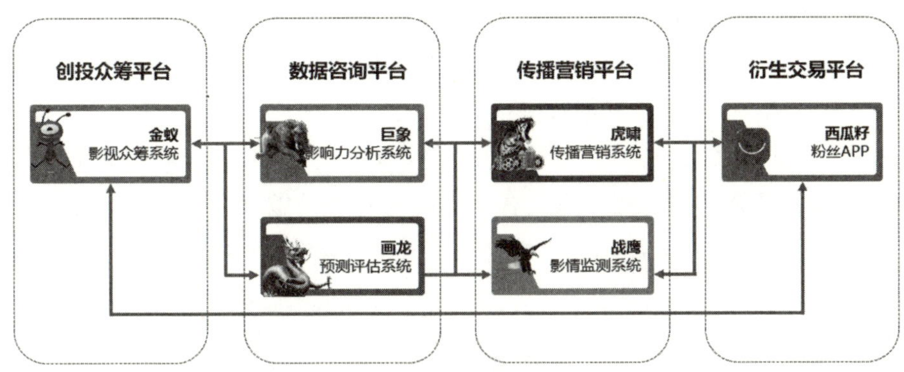

网智天元影视大数据服务平台

第二类是金融客户。“目前，我们有30多家银行客户，包括进出口银行、华夏银行、农业发展银行等。现在主要以城商行为主，如在山东省14家城商行中，已有10家是我们的客户，而其余4家也即将成为我们的客户。”

第三类是影视和媒体客户。在影视领域，则拥有华谊兄弟、乐视影业、基美影业、优酷、爱奇艺等客户。在媒体方面，网智天元拥有新华社、人民网、中新社、中央电视台等客户。莫倩表示：“值得一提的是，最近我们中标中央电视台舆情系统服务项目，将助力中央电视台及央视网等单位和部门完成网络舆情监测、预警、研判、分析、应对等工作，全面掌握舆情态势并提供个性化舆情系统服务。”

银行转型：精品化、专业化是上策

网智天元的两条主业——影视和金融天然存在联系。因为金融一定要找到一个细分场景的入口和人群，才能够走到精品化、专业化的道路；而影视必须借助金融资本的力量才能够创造出好的作品。要实现平衡必须要实现金融与影视的跨界融合。

“我们认识到大数据是一个工具，可以细分应用到影视和金融行业。在这两个行业，我们已有所斩获，目前正在构建一个能将二者打通的平台。我们正在使用大数据，来改变传统的影视产业的创作、生产和运营方式，再构建一个生态平台，最后让用户沉淀在我们的APP里面，最终创造网络智能时代新型的娱乐、生活的方式。”莫倩的畅想映射出影视大数据的未来趋势。

近五年以来，银行整体的信息差和增长率在不断降低，躺着挣钱的日子已经过去了。莫倩认为，大数据等技术可以帮助银行等金融机构实现转型：“我们可以用大数据帮助银行进行风险评估来寻找客户。未来，我们将合作开发人工智能机器人理财投顾，并将使用大数据帮助中国247家银行、133家城商行实现组织机构、技术平台和运营模式等整个商业模式的转型。”

银行传统的业务是存贷汇，贷款的贷前调查很耗时间，但互联网的交易已不再必须经过贷前调查。如淘宝的重度客户不需要到现场做贷前调查，就能秒借20多万。莫倩认为，当无法赶超别人已成定局，比起顺势而为，把握好银行转型拐点的机会更重要。“为此，我们搭建了银行投融资的大数据信息服务平台，同时打通平台与场外开放式平台的接口。”莫倩道出了网智天元的布局所在。

网智天元构建了一个完整的金融大数据的银行闭环。以大数据脱敏为例，原来银行的大数据脱敏都是通过IBM、Oracle等大型外企的产品；2014年银监会发布了39号文，即《关于应用安全可控信息技术加强银行业网络安全和信息化建设的指导意见》后，网智天元成为国产数据脱敏软件第一家，而且在这个优势上可以说是常胜将军。“目前，我们已经有30多家银行客户，12月底将达到约60家。”莫倩介绍说。

说到拐点一词，不得不提最近深陷“账户门”丑闻的全球第一大行富国银行，富国银行的交叉销售一度被零售银行业界视为典范。有中资银行人士称，尽管惹上官司，但富国银行的交叉销售模式仍然是同行学习的典范。在中国，交叉销售已经被证明是一种长期有效的销售模式，是银行未来的发展趋势。莫倩指出：“目前，中国的银行只有20%的收入是来自于中间业务，所以空间非常大，这也正是银行的拐点所在。”

机会虽常在，但一些银行依然难以找到出路，成为“迷惘的一代”——他们无法再成为蚂蚁金服或京东金融这种生态型的平台，亦无法成为平安银行、招商银行这样的全能型银行。莫倩坦言：“他们只能走精品化、专业化的道路。要打造精品化，就要找到网智天元所构建的影视生态场景的入口；要实现专业化，就要细分网智天元所定位的影视、娱乐消费的人群。”

大数据：规避影视产业高风险的法宝

网智天元的核心业务是影视，但影视的产业链条特别长，风险非常高。莫倩举例说，最有名的暑期票房滑铁卢就是《××传奇》，号称5亿元的投资，最后却以2800万票房告终。莫倩表示，影视产业的高风险为网智天元提供了一个切入点：“我们用大数据技术介入传统影视产业的创作、生产、运营方式，提供辅助决策的分析，降低他们的风险。”

网智天元的影视大数据包括数据分析、数据咨询、传播营销、衍生交易、众筹等。“我们做了6届中国电视网络影响力颁奖盛典后台的网络影响力分析服务——基于公司的巨象影响力分析系统。巨象影响力分析突破了以往影视行业盲人摸象的迷局，我们对互联网上的30多家卫视、3000多个频道、3000多个主持人的信息建立量化的模型，分析他们的知名度、关注度、美誉度、收视度和影响力。我们对1984年以来的国内外上映或未能上映的15万部电影、10多万名艺人、6万多家影视相关公司的信息，构建了复杂的影视基础大数据库。”莫倩如是说。

谈及公司最新的产品——剧本分析，莫倩将之与好莱坞进行了一番借鉴和对比：“我们将剧本导入到剧本分析系统中，可以分析出里面所有的角色关系和频率，然后诊断角色关系、剧本架构是否合理、场景以及角色在场景中出现的次数和频率是否足够等。这亦是借鉴好莱坞成熟的模式，好莱坞有专门的软件写剧本，有剧本医生做诊断，比如男女主角如果少于75场戏，剧本可能就过不了关，电影公司便不会投资。”

《卡萨布兰卡》能成为时代的经典，魅力历久弥新，其原因就在于剧中的人物关系众多，整体结构非常精妙，而另一关键原因亦在于艺人具有强大的票房影响力。“我们做票房的预测，构建了一个中国最好的影视大数据决策智库，里面存有从1984年以来中国上映的数据完整的2200多部电影。我们目前的预测准确率是80%左右。客户只要提供剧本、导演、主角、电影公司和发行公司的名字，我们能够做出投前的早期电影项目票房价值预测。”莫倩如是说。

莫倩表示，网智天元能对主创团队、竞品分析、剧本的质量、投资立项做全方位的评估。这个评估是非常有作用的，因为影视公司都是轻资产，基本靠贷款、拉投资拍电影，而投资的回报缺乏量化的手段，而网智天元可以做包括票早期预测、IP（知识财产）评估在内的量化评估。

莫倩指出，网智天元还可以帮助影视公司做传播营销：“未来是可以预测的，但预测不可能100%准确，因为未来充满了不确定性。我们可以降低不确定性，但永远无法消除不确定性。我们传播营销的价值在于消除坏的不确定性，提高好的不确定性的发生概率。”

《××传奇》就惨败在传播营销上。莫倩分析道，“我们监测到有强大的水军在有步骤地在黑这部电影，并成功挑起了民众从众心理。”其原著《封神演义》是中国古代仅次于《西游记》的神魔小说，是一部优秀的IP，《××传奇》有精良的制作、动人的故事、迷人的大咖，并创新地杂糅了西方魔幻，基本具备了电影成功的要素。然后，这样一部作品却输在缺失普世、感人的价值观上。黑他的水军非常准确地找到这个弱点：封神演义是中国传统文化的重要IP符号，但导演将之严重西化，这颠覆国人的世界观和价值观。

“如果有我们的舆情监测系统，就能实时地知道黑他的水军、方式、黑的点以及电影的受众在哪里，在哪个网站的热度最高，并利用虎啸传播营销系统创造话题、突出亮点，转移视角，也许能帮其逆转局面。”莫倩强调说。

莫倩表示：“早先，我们做传播营销时拿的固定营销费用，当我们可以大幅抬高票房，就开始做衍生交易，尝试参与票房分红；同时，我们入股了中国未来最大的电影院线，3年后我们会整合全国1200家电影院；我们刚刚发布了一款叫‘西瓜籽’的APP，可以凭借巨大的流量营销变现；我们构建了影视场景中的投融资信息服务平台，帮助投资机构、基金和银行做大数据的预测评估、征信和风控，帮助优秀的影视企业资产跟金融机构对接，培育优质的IP，并帮他们做大数据的营销。”

莫倩也坦言：“影视作品归根到底拥有好的内容才是关键，再牛的营销也难救烂片。”

电影的衍生品市场将受追捧

近日，新版《红楼梦》的专家评审会召开，网智天元将不仅为其做营销，更要做大数据IP的孵化等。莫倩介绍说：“我们在谋划建立一个VR或AR的太虚幻境大观园，用户戴上VR眼镜，模拟太虚环境中的场景，直接合成产生一个新的故事。而更有趣的是开发《红楼梦》的衍生品，如服装、限量版的通灵宝玉、金陵十二钗配饰等，我们通过大数据技术，找到喜欢它的受众，并形成一个生态平台。”

莫倩认为，较之电影票房市场本身，更大的市场是电影的衍生品：“美国2/3的电影市场收入是来自于衍生品，而中国只有20%，这个市场值得探索。”

《红楼梦》亦是一种传统文化输出的载体。“我们在《红楼梦》中将这种输出区分为诗词、服饰、中医、亭台楼阁等8大类，做出很多给予文化附加值的设计，希望去传承、影响、引导和输出传统文化。如《红楼梦》画作丝巾已是外交部的国礼，这意味着可以通过《红楼梦》进行文化输出。《红楼梦》是中国封建贵族生活的一个大集成，是中国文化的瑰宝，其输出对于提高中国文化在世界上的影响力具有重要意义。”莫倩如是说。

莫倩直言，文化也是一个非常大的产业，但要切入文化大数据领域门槛相对较高，这是受制于中国的教育分为文理科，因此，通常从事大数据产业的都是理工科出身。但要做文化大数据，一定要对文化有一定的理解，这是他们的软肋所在。

归根结底，大数据只是工具，一定要和实际业务需求相结合，不懂文化、影视行业就不可能利用好它，从这个角度就不难解释搜索引擎之前尝试预测票房时遭遇失利。据此，莫倩提出：“要盘活影视大数据，必须要让大数据与行业紧密地关联起来，让科技跟文化结合，还需要我们做大量的工作。”

“首先，我们需要跟行业内的人才合作，对此，我们吸纳了华谊兄弟、乐视、爱奇艺等优秀的影视、文化领域专业的人才。其次，要突破国内影视大数据发展的阻碍——认知，我们需要不断去宣传和普及大数据的力量和作用，并让客户真正从中得到益处；再次，文化市场环境现在比较开放，资本进入的大幕正在拉开，我们若借助资本的力量，或许能让文化市场的发展提速。”莫倩道出了关键的工作所在。

在莫倩看来，做好企业是持久战：“现在大家都能接受大数据概念，后面就是去尝试，不要怕犯错。搜索引擎平台会犯错误，我们也会，预测也未必能完全准确，但是所有的行业就是在不断犯错和试错的长跑过程中不断壮大。”

朗坤智慧：构建工业企业大数据平台

工业大数据是互联网、大数据和工业产业结合的产物，是中国制造2025、工业互联网、工业4.0等国家战略在企业的落脚点。如何利用大数据实现降本增效、服务和质量提升、商业模式重塑，是摆在所有传统工业企业面前的一道难题。

朗坤智慧科技股份有限公司（简称朗坤智慧）成立十七年来专注于工业信息化领域，其自主研发的平台产品"朗坤智能企业管理信息系统"覆盖集团级企业全生命周期业务一体化管控业务，并广泛应用于能源、能源、环保、建材、市政、煤炭、化工、冶金、国防等领域，同时也积累了大量极具价值的工业大数据。通过对这些数据的挖掘和应用，朗坤智慧已成功帮助数以千计的传统工业企业实现工业价值的重塑。

"在互联网时代，点对点服务是低效且不合时宜的，一个跨行业、跨区域、跨市场的大数据平台呼之欲出。"朗坤智慧科技股份有限公司魏小庆坦言。基于此，朗坤智慧充分利用现有技术优势和数据基础，自主研发一套面向工业企业的大数据应用和服务平台，该平台以设备远程云检修、市场交易（电力）、产业供应链和智慧城市地下管线可视化为抓手，基于大数据采集、分析和应用，为工业企业产业结构优化提供重要支撑。

大数据云检修平台

互联网、大数据、机器人等新技术和新商业模式的发展，给设备资产管理思想的发展和创新提供了更大的可能性和空间。在国家实施“工业4.0”帮助产业升级大背景下，企业设备管理需要“借势”创新，把先进的技术、全新的商业模式“嫁接”到企业设备资产管理体系中，实现更高的安全性、更高的可靠性、更高的运行效率和更高的投资回报。

“在互联网+大背景下，企业需要充分依靠大数据、云计算等技术手段，优化设备检修模式，节约运营维护成本，从而提高运行效率。”魏小庆说。为了顺应工业企业各类型生产设备管理发展要求，朗坤智慧建立了一套互联网+设备维修维护平台运维模式，通过整合电厂运营方、设备厂家、设备管理专家、平台运维方等全社会资源，统筹兼顾设备全寿期管理的各个关键环节，依托“大数据”技术能力，凭借“互联网+”的技术优势，基于对大型重要设备各项数据收集、整理的基础上，充分运用专家智慧，形成设备状态监测、分析和诊断大数据平台，以提高现场生产设备运行安全性与可靠性，对设备故障进行检测分析和故障早期预警并做出决策分析，为企业带来更可观的经济效益和社会效益。

朗坤大数据云检修平台采用物联网传感技术、数据采集技术、网络通信技术、数据存储与挖掘技术、云技术服务、设备可靠性建模技术等，把物联网、互联网和云计算技术和设备检修业务过程进行融合创新，以“故障早期预警为前提、检修作业标准化为支撑、检修资源优化配置为抓手、检修模式创新为目标”，打造企业“敏捷、智能、高效”的设备检修协同平台。

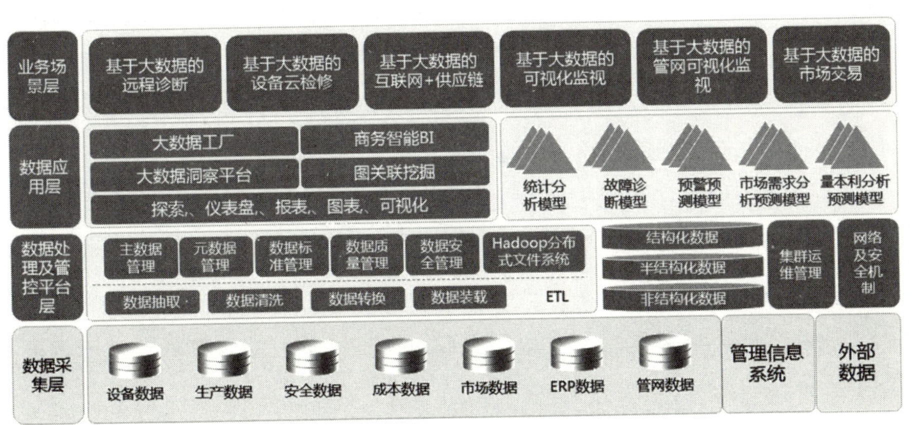

朗坤工业企业大数据平台

云检修平台将工业企业下属各个生产现场作为数据采集源点；采用自动化数据采集设备（比如传感器），通过局域光纤网、GPRS/CDMA、微波通信网等传输手段，将各类设备运行数据等海量数据实时采集进入信息管理中心的数据仓库；按照科学的过程如数据模型进行数据的组织与管理，在此基础上通过大量的业务模型进行知识集成，通过应用智能识别、大数据融合、数据挖掘、云计算等技术，进而支持企业生产实时诊断和生产决策，决策信息反馈到生产制造现场进而完成环境监测、单元整合、过程模拟、参数优化和控制。

该平台以设备为核心，保存大量设备静态和动态运行、检修数据信息。对企业主要设备进行健康状态评估分析；围绕设备发生二类缺陷、技术监督、设备预警及重大隐患信息，利用云平台各种大数据，以及检修公司行业专家的经验，定期评估设备状态；提出设备检修建议。运用"互联网+云检修"的设备维护模式，在一个平台上配置专家、维修人员、专业工具等资源，并可通过移动互联网实现维护资源调配，实现企业和社会上的设备维护专业组织的双向选择，高效完成设备的维护工作。

朗坤云检修平台从工业发展战略上，能够为工业创造新的商业模式，汇聚社会技术服务力量，为工业内企业、工业外企业提供更专业的服务，为当前传统工业企业带来巨大价值。

大数据市场交易平台（电力）

随着国家电改不断往前推进，电力市场"竞价上网"是国家电力改革的方向，电力市场环境正在改变。同时，国内经济"新常态"的到来，电力市场同样遭遇巨大影响，加上同行各大发电工业的激烈竞争，给电力企业带来巨大压力。工业企业作为地方大型工业，其先进的管理理念、优异的管理水平、优秀的资产经营，在电力市场拥有强大的竞争力，但在外部市场环境竞争加剧、竞争对手激烈竞争的当下，工业企业需进一步把控市场、增强管理，提升竞争优势。

电力大数据的价值在于挖掘数据之间的关系和规律，满足企业电力生产、经营管理和电力服务在提高质量、效益、效率方面的需要，促进电力资源的优化配置和高效服务。朗坤大数据市场交易平台（电力）旨在通过系统平台建设，构筑真正意义上的工业互联网，将售电端与发电端互联，实现"端到端"联通，从而提升工业市场竞争优势。

朗坤大数据市场交易平台（电力）是一个能支撑工业业务发展战略的、高度成熟的、业务全面的、能导入行业知识和经验的管控系统。从集中管理的思想出发，以实现工业“低成本策略”目标，将经营与业务的集成，实现经营工作重点由核算型向管理型的转变，实现管理思维由面向数据转向面向过程和策略的转变。通过交易大数据中心，时刻对比分析电力行业发展现状，认清企业自身优势与劣势，通过数据分析来指导市场营销工作；以营销数据为核心，以信息技术为基础，通过市场需求分析、生产能力分析、经营成本分析、财务状况分析等工作，全面了解企业的电力营销工作的获利情况，以便制订当前的营销策略，为工业企业参与市场竞争提供有力支撑。

大数据供应链平台

领先的互联网不仅包括在生产和管理系统领域的信息化改造，还包括煤炭、石油、天然气这些的电商交易平台概念。即搭建及衍生品的价值流转体系，支持资源、设备、服务、应用的资本化、证券化，为基于“互联网+”的B2B、B2C、C2B、C2C、O2O等多种形态的商业模式创新提供平台。促进领域跨行业的信息共享与业务交融，培育云服务、虚拟货币等新型商业模式。建立工业基于互联网的供应链体系，是创新供应链管理的重要途径，符合国家发展要求。

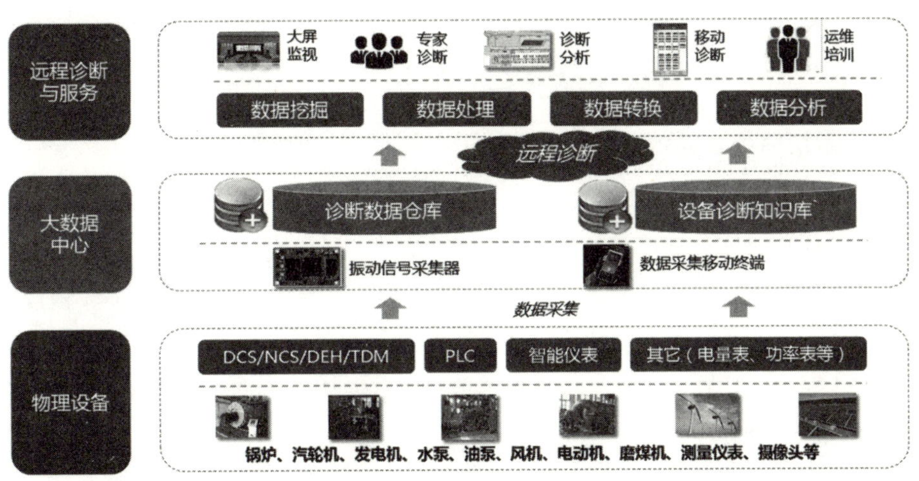

朗坤大数据云检修平台流程图

朗坤大数据供应链平台包括燃煤、物资、金融等众多领域，一方面通过大数据供应链平台支撑工业现有燃煤/物资的集中采购、在线交易，另一方面，通过大数据供应链平台打造煤炭/物资资源交易平台。

对内：作为工业集采、资源调配的集中管控平台，为工业煤炭、物资资源分配提供支撑。对煤炭、物资价格等大数据分析，为工业企业提供服务。

对外：搭建工业煤炭、物资在线交易平台，面向社会、市场，实现市场各方在线交易。同时结合互联网金融，在线融资，在此平台上实现产融结合。

朗坤大数据供应链平台从煤炭交易、物资交易、供应商战略管理、客户、销售、物流、互联网金融七个方面开展。

煤炭交易，从燃煤大数据角度出发，在交易平台上采集煤炭交易大数据，如煤炭价格、煤炭资源分布、煤炭供需关系数据、煤炭质量数据、煤炭燃烧效率数据、煤炭成本等，为煤炭管理提供数据支撑。

物资交易，基于物资在线采购、交易平台，采集物资交易大数据，采集物资采购价格、供应商履约能力、物流、供货周期等，按地域、按时间等多维度分析价格情况。

互联网金融，在互联网供应链平台结合互联网金融，面向社会，聚集交易企业、个人、专家团队以及证券公司、物流公司等，一方面为注册企业提供融资、投资、抵押、担保、保险等服务，另一方面，为注册金融企业提供金融产品服务，作为一个开放平台，为各方提供金融服务。

大数据可视化管网平台

管线是智慧城市建设的基础，关系到城市安全，关系到工业企业运营效益，建设基于大数据的管网是强化公司管理的有效手段。

朗坤大数据可视化管网平台为公司提供移动实时监控，实现管网部件管理的数字化、网络化、可视化和移动化，创新管网管理模式。

巡管人员可利用移动手持终端所附带的GPS定位功能，随时定位自身位置，获取可视化的城市基础信息，可查询周围一定缓冲区域内的管网设备设施，进行相关属性查看、检索、定位，辅助巡查、管理和检修；同时，也可通过无线网络与巡管人员进行交互，巡管人员可将现场信息实时反馈上报，也可接受指挥中心的调度，以便提高设备故障解决、突发事故处置的效率。

1. 管网监测监控大数据

基于管网监测监控大数据分析，运用物联网、实时数据库、地理信息系统等多种技术相结合，通过集成相关监测监控系统的实时信息，快速、实时获取管网位置、参数指标、健康状态等信息，实现管网实时监测、趋势分析、智能预警、历史回放，为管网的运维管理、事故处置提供支撑。平台提供综合报表管理、隐患排查监管等模块，帮助管理部门有效地开展工作，履行监督管理职能，从而掌握各类管网公司的生产与服务情况，保障管网安全，为进一步的管网建设和改造提供决策依据。

2. 事故预警预测大数据

基于事故预警预测大数据分析，支持管网超期服役管理、预测模型管理、预警条件设置、重大节日保障预警以及城市建设规划与施工告知权属单位等功能；实现特殊条件下的预警预测；系统可对管网数据及相关因素数据进行联合分析，能够支撑对发生事故可能性高的地区和存在的隐患信息提出预警提示，便于及时检修管网，避免和减少管网事故的发生。包括管网老化检测提醒、监测设备自动预警等。

3. 应急处置与事故模拟大数据

基于管网事故应急处置，包含应急处置、事故模拟等，提供面对不同级别的管网事故的事故模拟、应急管理、指挥、救援计划、知识库管理、历史事故管理、事故统计分析等功能，如关阀分析等，保障一旦发生管网相关灾害性事故，可以迅速有效地做出应急反应，把事故控制在局部范围内。

结语

通过多年的打磨，朗坤工业企业大数据平台已初具规模，其构建的大数据生态链模式得到了业界专家和企业用户的广泛认可，并成功运用到多个智慧工厂、智慧城市项目上。下一步，朗坤智慧计划将此平台向全国推广。

“未来，朗坤的理想是通过将‘朗坤智能企业管理信息系统’与大数据、云计算技术相融合，搭建一条信息高速公路，帮助中国工业企业实现弯道超车。”魏小庆信心满满。

POSTSCRIPT 1 跋 一

聚焦行业　打造生态　大数据推动业务发展

久其软件创业伊始，就与数据结缘，经多年努力，在ICT时代，凭借数据采集、处理、分析和展现等核心能力，成为国内领先的管理软件供应商。

面对扑面而来的以云大物移（云计算、大数据、物联网和移动互联网）为核心技术的DT时代，久其软件经过短暂的上市适应期后，在保持传统业务快速增长的前提下，通过内生、外延双轮驱动模式，积极拥抱新技术、新模式，通过组织变革、结构优化、资本运作等举措，弯道超车般地实现了传统软件厂商的华丽转身和转型升级，并战略性地提出聚焦B2B2C的国内领先的大数据综合服务供应商的公司目标，持续聚焦行业，充分利用核心的技术与客户资源，主动打造生态体系，推动业务发展，形成了以电子政务、集团管控、移动互联网、大数据、数字营销和音视讯为核心的六大业务板块。

大数据应用领域，借助中国大数据产业生态联盟平台，牵头组建财经大数据专业委员会，致力于成为国内一流的“以全球财经大数据为基础，以财经专业能力为保障，以服务国家财政和经济发展，以改革创新为己任”的专业组织，定位于政府部门、行业组织、事业单位、企业与高校、科研机构、行业专家等专家智库多方互动的桥梁，助力政府治理与服务更智慧、社会资源配置更高效、企事业发展更快速。

专委会将遵循顶层设计思想，紧跟财政、经济、金融各项政策，秉承财经各领域融合理念，创新性地整合财经跨领域多层次各类数据，促进数据汇聚共享，集结专家智库资源，为国家财政金融领域的改革创新提供新视点，为企业和社会机构发展壮大提供新能量，专委会的目标与久其多年形成的业务聚焦策略融合，将充分体现久其“软件报国”的使命。

业务方面，久其长期服务于中央部委、各级政府和以央企为代表的大型企业集团，形成了极具特色的服务体系，提出了面向财经、民生、公检法司以及大型企业集团管控的解决方案。

财经领域，久其业务横跨财政、工商、税务、发改、工信、一行三会、海关、商务等多部门，利用大数据技术，可以促进政府数据、市场经济数据和私营部门等数据的共享融合，推动数据流通，加强政府数据和市场数据相互印证，提高数据的敏锐性和联动能力。同时为宏观经济、区域经济、产业经济等经济领域，以及财政、税务、保险、银行、证券、债券、期货、信托、基金、投行和国际贸易等行业部门提供更为精准的决策支持。为实现这些目标，须做好三件事。

第一，搭建财经领域互动交流平台。为政府部门、企事业单位、行业组织、专家顾问搭建一个交流互动平台，发挥桥梁纽带作用。围绕财经大数据应用服务主题，促进政、企、学、研的交流与互动，实现监管、风控、决策、服务的高效沟通和各方智慧交汇，有助于政府精细治理、产业转型升级、金融市场监管、培育经济发展新引擎。

第二，构建财经大数据服务生态链。立足于经济全球化进程和科技创新竞争的前沿，以数据为纽带，以大数据思维为国家财经领域宏观决策、经济发展质量与效益、金融市场稳定运行等提供前瞻性咨询、研究服务，加速财政、税务、金融、贸易等生态链接。

第三，推动财经大数据资源开放共享与应用。促进数据资源获取、共享和开放，实现财经数据资源的共享与融合，共同开发和应用财经大数据，更好地为政、兴业、惠民。

具体举措上，坚持以下原则：

研究先行——开展财政、经济、金融、对外贸易领域各项政策研究、创新技术研发及咨询工作，推动财经领域数据标准、精准、共享开放，并为财经领域创新发展、转型升级、供给侧结构性改革、绿色发展之道效力。

数据共享——建立财经大数据应用服务平台，打通财政、税务、金融、对外经贸等领域数据链条，促进财税、金融、经济、贸易以及地产、消费、价格、社保等数据汇聚共享开放，协助政府建立财经大数据监管体系，为社会公众提供财经大数据普惠服务。

技术为本——利用大数据智能分析技术，设计开发跨区域跨领域的关联分析模型，深挖财经数据隐藏价值，提供面向政府主管部门的财经大数据监管、协调、决策、改革创新的新视点，以及为企业和社会机构在发展定位、战略目标、竞争策略、资源整合及重塑商业模式等方面提供前瞻性建议。

领域互动——利用财经大数据平台，开展"一带一路"、区域协同发展、两化深度融合、产业转型升级等重大专题研究，为经济转型和创业创新服务。

民生领域，久其多年来服务于统计、民政、交通、教育、计生卫生、农林水利以及国务院扶贫办、中国残疾人联合会等众多部门。在大数据时代，久其将以国家《促进大数据发展行动纲要》为指导，落实信息化及大数据相关的法律法规以及国家的相关标准化体系，为相关部门提供从顶层设计到数据资源规划的全系列服务，并结合政府数据共享开放的进程，通过共建、共享、交换、交易等方式，融合政府、行业、企业和社会化数据，利用领先的大数据技术，从采集、处理、存储、分析挖掘、可视化展现及安全保障等方面，提供一体化的解决方案，并利用自身的集成能力，整合上下游资源，构建覆盖面广、处理能力强大的生态体系，更好地为民生服务。

聚焦数据二十年，久其软件既是传统的管理软件服务商，又是大数据时代不可或缺的弄潮儿，衷心祝贺《数据新势力：发掘大数据的新生力量》一书成功发行。

深交所中小板上市公司北京久其软件股份有限公司

董事、总裁，中国大数据产业生态联盟副理事长

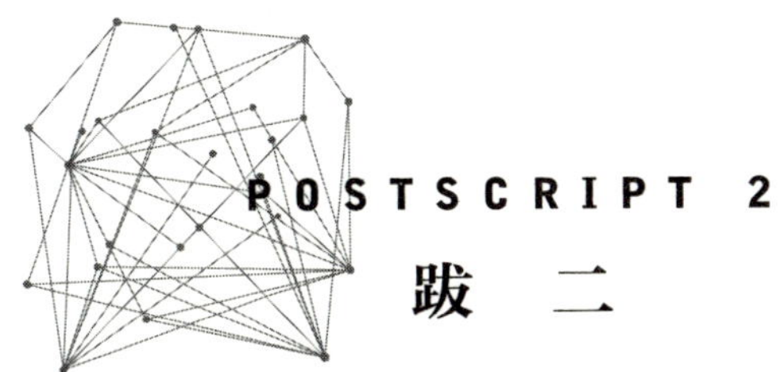

POSTSCRIPT 2 跋 二

我们能从《数据新势力：发掘大数据的新生力量》里面看到哪些新生力量？我更看到的是中国产业转型升级的希望和脊梁。《中国制造2025》的核心是中国工业转型升级，近年来，诸多专家学者将落脚点聚焦到产业的转型升级，不断在回答“是什么？”“为什么？”的问题，而这本书就是通过一个个鲜活的大数据企业创造价值的案例，不断探索，回答我们“怎么做”！

大数据的影响力毋庸置疑，但大数据如何推动产业转型升级仍是在不断探索和研究的课题。应编委邀请，我这里主要论述一些关于“大数据和产业集群转型升级关系”的思考，之所以重点谈工业产业集群转型升级的问题，这与公司的背景相关。美林数据是一家多年专注于工业大数据应用和数据价值挖掘的大数据企业，深耕行业、打通产业数据链、凝聚产业生态圈和助力中国制造转型升级是美林数据的使命，这与工业产业转型升级的目标和路径不谋而合。

大数据之所以对工业产业转型升级至关重要，是因为数据可以让关系更简单、更紧密、逻辑更清晰、流程成本最低，最终让实体社会形成有序的生态体，而这恰恰是产业转型升级的核心。

工业企业对传统的生产要素包括人机料环法的经营已经走到了新的拐点，迫切需要新型经营要素的加入，即大数据+生态链的运营，帮助工业企业构建数据思维下的研发创新、企业运营、产品制造模式，降低企业的产业化和全球化运营成本；帮助工业企业通过数据协同融入到生态链中，用数据凝练智慧、提升产品质量和创新能力，通过对数据价值分析和知识的运营，实现产业转型升级。

大数据作为一种新型生产资料、新型能源，能极大加快生产力的发展，其内在的价值是推动新型生产关系的形成，那么可能会发生哪些变化呢？

一是产业聚集概念发生较大的变化，不再是区域性而是产业性，政府的区域管理和服务属性发生了变化；行业的布局更突显线上与线下的区别和融合。

二是产业龙头企业与产业链上的企业关系发生变化，龙头企业肩负起构建产业平台的责任，提供线上产业基础运营环境。将产生比传统影响力更强的磁效应，协同成本边际效应越来越小，有助于提升产业集群的竞争力和吸引力；当然还需要政府强有力的支撑和引导，利用区域的政策理念优势和资源优势，尤其是大数据资源整合优势，构建产业链赋能平台、供应链信用平台和产业大数据运营平台，为中小微企业提供跨越发展的机遇，以产业为运营对象，区域产业集群朝整体产业集群发展。

三是大数据企业与产业企业之间不再是技术的服务方和使用方简单的二元结构。大数据企业与IT服务企业最大的区别在于你是经营链上的价值环节还是支撑环节；大数据企业提供的不再是技术平台的运营而是业务链某一业务的运营；未来将是以“数据定义企业，数据定义产业”为特征的时代，政府数据的价值应用和以政府信用聚集的数据整合应用而非交易将是政府格局的差异点，未来环境下的生产关系定义也必然是以数据的应用程度来定义和显性化。

工业大数据深度应用是产业集群的转型升级的关键，但要真正做到还需要很多支撑，譬如专业的抽象能力、多学科融合能力、工业大数据基础标准等支撑。还需要一些软实力做保障，我们总结为产业聚集做基础、协同文化做内核、创新平台做驱动、共生共赢做生态。在实施路径上做好四驾马车齐头并驱，即资源驱动、资本驱动、技术驱动和运营驱动，才可能真正带动产业的转型升级。

美林数据董事长

POSTSCRIPT 3 跋 三

把握新机遇 需要新力量

“研发投入最集中、创新最活跃、应用最广泛、辐射带动作用最大”是习近平总书记对网络信息技术领域的高度评价。全球网络信息技术虽然已经历了几十年的发展，但当前仍处于爆发期。新兴领域的快速发展，带动整个网络信息技术产业的迭代周期由PC时代的18个月缩短到移动互联网时代的6个月。网络信息技术的创新，带来了产业发展与市场应用格局的剧烈变化，给创业者、成长者、后发者带来新的发展机遇。

大数据是近年来最为社会各界所关注的新兴网络信息技术，其发展的历史虽短，却已迅速成为影响经济社会发展的新资源、新动力。通过对大量数据进行深入分析，能够总结经验、发现规律、预测趋势、辅助决策，拓展人类认识世界和改造世界的能力。对大数据的掌握和利用，能够延伸人的知识和智力，发现更多新知识、创造更大新价值，提供更多解决问题的新思路、新方法和新工具；能够提高政府决策、经济管理、企业运营、公共服务的科学化和智慧化水平，推动我国经济转型发展，提升社会治理能力。大数据更是物联网、人工智能等新兴技术发展的重要基石，对未来支撑推动整个网络信息技术产业发展，具有当前难以想象的巨大作用。

总而言之，大数据这一描述性概念的提出，凸显了数据量爆发性增长背景下，运用新理念、新技术、新方式从庞大的数据中挖掘出重要数据和数据之间的重要联系，帮助解决经济、社会发展所面临诸多问题的必要性和紧迫性，引发了人们对数据资源价值和作用的重视，以及对数据分析处理及其成果应用的重视。这，就是大数据为何深受瞩目、为何在我国被广泛接受的最重要原因。

随着技术和理念发展，“大数据”在我国逐渐落地，应用领域不断拓宽，成功案例不断增多，产业体系不断完善，产业规模迅速增大。我们也欣喜地看到，大数据不仅为我国网络信息技术发展带来了新的增长点，而且正在带动我国网络信息技术产业的整体进步，乃至在推动着经济社会各个行业领域的加速创新升级。无论是制造强国战略及《中国制造2025》的推进，还是网络强国战略与“互联网+”行动的落地，抑或是服务型政府建设与“互联网+政务服务”的创新，大数据在其中都扮演着不可或缺的重要角色。

这样一种创新性、颠覆性、渗透性特征显著且应用发展空间巨大的技术，自然能够创造更多的发展机遇。若能把握这一机遇，尽快布好局、尽快有行动、尽快出效果、尽快铸品牌，则产业发展和企业发展就会乘风而行。

我们欣喜地看到，我国企业在把握此一机遇方面，具有前瞻性、敏感性、准确性，其主要表现就是近几年来涌现出了一大批专注于大数据领域的创新创业企业，并在产品研发、服务提供、应用促进等方面已经取得不错的成绩。通过持续发展，这些企业完全有希望成为未来我国大数据发展过程中的先行军、主脊梁、特种兵。

《数据新势力：发掘大数据的新生力量》聚焦大数据领域，发现发掘了数十家我国最具发展潜力的大数据企业。这些企业虽然业务方向不尽相同、发展路径存在差异、技术能力和商业模式各有特点，但对参与我国大数据产业发展的意愿同样强烈、心情同样迫切，也都已取得了非常不错的成绩，已经成为我国大数据发展的新力量。总结其发展进程，分析其发展经验，对进一步促进大数据领域的创业创新，对召唤更多有能力的人和有潜力的企业投身到我国大数据发展大潮中，具有风向标、指引牌的重要意义。从这些企业的发展轨迹中进行认真学习和借鉴，对各地大数据产业发展和各企业大数据业务发展，都具有重要参考价值。

愿此书能够为有志于投身我国大数据发展或正处于大数据发展热潮中的企业家、创新者提供启发，进而推动我国大数据产业的持续快速发展，也希望此书未来能够有续编，继续向全世界展示中国大数据产业发展的重要新力量。

赛迪智库互联网研究所所长

致谢

中国大数据产业生态联盟是在工业和信息化部的指导和大力支持下，由中国电子信息产业发展研究院联合大数据基础设施提供商、数据源企业、数据安全、开源平台及解决方案提供商、大数据处理和分析企业、大数据行业应用等大数据产业链各环节企业以及第三方产业机构、投资机构、地方产业发展机构（部门）等多家机构自愿组成的社会组织。

在中国大数据产业生态联盟的指导和支持下，《数据新势力：发掘大数据的新生力量》得以顺利完成。本书旨在全景呈现中国大数据产业发展的飞跃进程，并发现中国最具发展潜力的大数据龙头企业。

为此，我们走访了多家具有大数据基因的知名企业，与大数据领域的专家、学者展开对话交流。在此，我们要感谢对本书做出巨大贡献的诸位同仁。

感谢中国大数据产业生态联盟成员单位，以及遍布全国的大数据优秀企业对本书所涉及的调研部分给予的支持和配合。

感谢赛迪智库软件产业研究所、赛迪顾问股份有限公司对本书内容做出的突出贡献。

感谢接受独家专访的诸位企业领袖，是你们的真诚配合，让本书能更加全面地展示大数据领域独特的商业价值，以飨读者。

《软件和集成电路》杂志社